Petra Mikutta
Die bessere Hälfte schenk ich mir

Petra Mikutta

Die bessere Hälfte schenk ich mir

Single aus Leidenschaft

Wunderlich

Umschlaggestaltung: Susanne Müller
Foto: ZEFA – Picture Book

Redaktion: Katharina Naumann

1. Auflage Januar 2000

Satz aus der Plantin PostScript PageOne
Gesamtherstellung Clausen & Bosse, Leck
Printed in Germany
ISBN 3 8052 0668 2

Für Esther und Cleo in Liebe
Für Christiane W.-K. in Freundschaft
Für David G. Roland, weil ich zu
abergläubisch bin, ein Versprechen zu brechen.

Inhalt

Allein – Wie kommt's?

Warum man mit 17 vom Glück zu zweit träumt, mit 27 aufwacht und entdeckt, daß man allein dasteht.

Ich wäre steinreich, hätte ich jedesmal zehn Pfennig bekommen, wenn ich mir folgende Fragen stellte: «Kann ich mir diesen Urlaub (diesen Mantel, diese Schuhe, dieses Motorrad) überhaupt leisten?» Und: «Warum finde ich keinen Mann?» Grübeleien darüber gehörten zu meinem Leben wie das Rauchen. Beides schadete mir. Ich fühlte mich schlecht danach. Krank. Amputiert, unnormal, häßlich, dumm, stinkig. Aber ich mußte es tun. Gleich morgens nach dem Aufwachen und zum letztenmal abends vor dem Einschlafen.

Es ging mir blendend, wenn ich das Nachdenken zur Abwechslung vergaß, weil ich mir den Urlaub einfach leistete oder eine aussichtslos-leidenschaftliche Affäre mit einem verheirateten, arbeitslosen Busfahrer aus Melbourne hatte. Diese Ausnahmehochs brachten mich auf die Idee, mir die «Warum finde ich keinen Mann»-Frage ganz abzugewöhnen. Ich drohte mir mit unbefristetem Shoppingverbot für jede durchgeführte Grübelattacke, und plötzlich war alles bestens: mein Job, die Wohnung, die Freunde, die Kinder, das Auto, die Urlaube. Ich war gesund, fröhlich, unternehmungslustig und flüssig.

Ich kam zu dem Ergebnis, daß ich allein bin, weil ich allein sein möchte. Es hat für mich überwiegend Vorteile, als Single zu leben. Ich bin glücklich ohne. Mir fehlt nichts. Ich brauche keinen Mann. Das war nicht immer so.

Mit 16 hat man schon Träume. Vor einem knappen Vierteljahrhundert, als ich Cellulite noch für ein organisches

Molekül hielt, träumte ich davon, reich und berühmt zu werden und die große, weite Welt zu erobern. Singen konnte ich zwar nicht, ebensowenig tanzen, schauspielern oder Gitarre spielen. Falls ich überhaupt einen Plan hatte, dann ganz vage den, eine Art Uschi Obermaier zu werden, ein Groupie für langhaarige Pophelden. Doch eines war mir klar: Daraus würde nichts, wenn ich in der oberschwäbischen Provinzheimat eine Lehre bei der Post begönne, wie meine Gymnasiallehrer mir nahelegten. Und ich konnte auch schlecht bei meinem damaligen Freund bleiben, der weder David Bowie war noch überhaupt Ambitionen zeigte, sich in ein nationales oder gar internationales Idol zu verwandeln.

Mein Traum erforderte also erstens, das Gymnasium nicht zu vergeigen, was im Grunde kein Problem war. Zweitens mußte ich mich dringend von meinem Freund trennen. Da sein Auto ohnehin nicht mehr durch den TÜV kommen würde, war auch das kein allzu großes Drama. Mein Freund trug das Ende mit Fassung. Ich schluchzte und jubelte, nahm ab und zu, bereute alles und nichts. Und zwar gleichzeitig und innerhalb weniger Stunden. Ich genoß die emotionalen Hoch- und Tiefpunkte: So intensiv hatte ich noch nie gelitten, herrlich. Ich entwickelte eine Vorliebe für Leonard Cohen, Cat Stevens, Hannes Wader und andere Propheten der Tränendrüsen. Diesen depressiven Trennungs-Soundtrack hielt ich damals für irrsinnig originell und tiefsinnig und meine Freunde auch.

Etwa drei Nachmittage nach der Trennung lag unsere Clique unter meinem schauerlichen Klangtrauerflor begraben – «... like a bird on the wire ...» – auf Sigis Flokati. Sigi war Klassenbester. Offiziell lernten wir bei ihm Französisch. Inoffiziell knutschten die Pärchen herum, während die Singles ausprobierten, ob getrocknete Bananenschalen, mit Patschuliöl beträufelt, high machten, wenn man sie rauchte.

Plötzlich wand sich meine beste Freundin aus der Umklammerung ihres Freundes, wischte sich den Mund trokken und rief: «Und er hatte sogar ein Auto! Dein Neuer muß wirklich toll sein. Bring ihn doch morgen mit, es wird wirklich Zeit, daß wir ihn kennenlernen.»

Da wurde mir schlecht. Denn daran hatte ich gar nicht gedacht: Ich hatte keinen Freund mehr. Mein Status drohte damit in den mausgrauen Verliererinnenbereich abzurutschen. Ich sah mich bereits auf einer Stufe mit den pickeligen Mathestreberinnen stehen, reizlos wie die Spätentwicklerinnen, die immer noch ohne BH und in Kniestrümpfen rumliefen.

Als treue *Bravo*-Leserin wußte ich: Wer fast 17 ist und keinen Freund hat, kann den Alice-Cooper-Starschnitt von der Jugendzimmertapete kratzen, sich darin fest einwickeln und in den nächsten Baggersee springen: Das Leben ist gelaufen.

Sigi war der einzige echte Single der Clique. Er war eindeutig cool, obwohl er keine Freundin hatte, denn er war ein Mann und außerdem ein Genie. Genies, das wußten wir damals schon – vermutlich von Sigi –, haben manchmal kein Interesse an Frauen. Plato, Jesus, Sir Isaac Newton, Andy Warhol, Sigi – sie hatten Wichtigeres im Kopf als Zungenküsse. Frauen dagegen konnten ausschließlich cool sein, wenn sie einen Kerl hatten. Die Logik dahinter: Frauen ohne Freund sind entweder häßliche Kröten, böse Hexen, Lesben oder alles auf einmal, wie die verspottete und gefürchtete Musiklehrerin anschaulich bewies. Ein schreckliches Los!

Ich betete also zu Frank Zappa persönlich und bat ihn, mich vor dem ultimativen Desaster zu bewahren: «Bitte, laß mich meinen sozialen Rang behalten und ein Alphaweibchen bleiben.» Ich erinnere mich nicht mehr, wie ich das Gebet damals genau formuliert habe. Vermutlich: «Scheiße, ich will nicht sterben!» Laut sagte ich heiter: «Okay! Morgen bring ich ihn mit.» Keine Reaktion. Alle waren längst wieder mit Petting und Highsein beschäftigt.

Es war kein Problem, mein Versprechen zu halten. Ich war cool. Und so sollte es bleiben.

Ich brauchte nur zur rechten Zeit an der richtigen Bushaltestelle herumzulungern, einen meiner elf stillen Verehrer anzulächeln, mich heranzupirschen und den Kopf ein wenig zurückzulegen. Daraufhin würde er mir die Zunge in den Mund stecken. Nach zehn Minuten würde er mir die Frage aller Fragen stellen: «Willst du mit mir gehen?» Ein knappes «Mhm» reichte. Und schon hatte ich einen neuen Freund.

Liebe? Der Erwählte war zwei Klassen höher, hatte ein Motorrad, eine goldene Löwenmähne und ein geiles Zimmer. Und er sicherte meinen hohen Klassenstatus. Das waren mehr als genug Gründe, um mich Hals über Kopf zu verknallen. Die Clique war begeistert: ein echter Zwölftkläßler. Mein Musikgeschmack pendelte sich wieder auf das übliche psychedelische Normalmaß ein: Genesis, Pink Floyd, Cat Stevens, Gentle Giant. Ich blieb ein ranghohes Weibchen. Mädchen.

Der eine Mann ging. Der andere folgte sogleich. Ein Muster, das ich für so unantastbar hielt wie binomische Formeln. Bis ins hohe Alter von 32 Jahren litt ich unter Trennungen mal mehr, mal weniger, aber immer wußte ich genau: Früher oder noch früher kommt eine neue Liebe, die mich den alten Schlamassel vergessen läßt.

Mit 32 Jahren saß ich auf einem teuren schwarzen Designersofa in einer norddeutschen Großstadt, die, verglichen mit meiner Provinzheimat, immerhin schon als große, weite Welt gelten konnte. Die Wohnung, in der das Sofa stand, war ebenfalls teuer. Stuck klebte unter der Decke, sinnlos und ehrwürdig wie gewisse französische Vokabeln in meinem Großhirn: Warum kann ich nicht vergessen, daß Eisenbahnweiche «aiguillage» heißt oder teeren «goudronner»? Dabei hätte ich schwören können, daß wir auf Sigis Flokati niemals irgend etwas anderes gelernt haben als die genaue Lage erogener Zonen und die Wirkung gewisser chemischer Substanzen.

Es gibt Fakten, die sich ins Hirn einbrennen, ohne daß man es bemerkt. Jeder Mensch hat Wissen angesammelt, das er gar nicht wissen will. Wissen, von dem er nicht einmal weiß, daß er es weiß. Trivial-Pursuit-Siegerwissen: Welcher Schauspieler wurde dafür berühmt, daß er «Stella» rief? Richtig, Marlon Brando. Welche Popgruppe hielt sich für berühmter als Jesus? – Die Beatles. Welche Frau ist wirklich glücklich? Natürlich die, die eine tolle Liebesbeziehung hat!

Ich war mit 32 zwar nicht reich und berühmt, aber auch nicht arm und völlig vergessen. Meine Jugendträume hatte ich also in Ansätzen immerhin tatsächlich verwirklicht. Normalerweise beschrieb ich mein Leben mit den Worten: «Es geht mir gut. Ich kann nicht klagen.» Ich war Durchschnitt, saß auf meinem Designersofa und mußte zusehen, wie meine Scheidung, nach der unterdurchschnittlichen Ehedauer von knapp einem Jahr, ihren Lauf nahm.

Es war nicht der Zeitpunkt für Kaffee und Kuchen. Ich hielt mich vielmehr an einer Tasse milden Kräutertees fest und sah bitter zu, wie er und seine neue Freundin Möbel aus der Wohnung trugen. Die Geräusche, die sie dabei verursachten, waren häßlich. Das Wetter war schön. Manchmal rief ich giftig: «Das ist meine Lampe.» Prompt hörte ich, wie etwas scheppernd auf den Boden krachte und zerklirrte: Da hatte ich meine Lampe.

Ich wünschte ihm, er möge samt Kisten die Treppe runterfallen, sich den Hals brechen und die nächsten 70 Jahre lang gelähmt und sprachlos in einem billigen Pflegeheim dahinvegetieren. Was war ich doch für eine eiskalte, böse Person geworden! In der Rolle der verbitterten Ehefrau gefiel ich mir überhaupt nicht. Im Grunde meines Herzens bin ich nämlich lieb und nett und wünsche meinen Mitmenschen stets das Beste. Anscheinend hatte ich diese gute Seite während unserer kurzen Ehe, einer Laienaufführung des *Rosenkrieges*, völlig vergessen. Ich beschloß, mich wieder daran zu erinnern, sobald dieser Widerling endgültig aus dem Haus gegangen wäre.

Bald würde ich wieder liebenswert sein. Keine Scherben mehr, keine Tränen, keine Haßtiraden, keine Schweigefoltern mehr. Ich trug Jeans und Schlabberpulli und fühlte mich erwachsen. Der Falsche ging. Der Richtige würde bald kommen.

Der Neue würde intelligent sein, nicht so dämlich wie dieser, der zu blöd war, einen Bücherkarton zu tragen. Er wäre sexy und männlich, nicht so ein weinerliches Weichei mit einer Vorliebe für Angoranierenwärmer wie mein zukünftiger Exmann, der soeben auszog. Ich genoß die letzten Gemeinheiten, die mir im Kopf herumschwirrten. Sagen wollte ich sie ihm nicht mehr; wer weiß, was er sonst noch zerdeppert hätte. Und ich wollte ja wieder ich selbst werden.

Ich nippte am Tee und faßte die üblichen Scheidungsbeschlüsse: Ich würde abnehmen, neue Klamotten kaufen, zum Friseur gehen und nie mehr ungeschminkt das Haus verlassen. Ich würde so schön wie nie sein. Unwiderstehlich. Einige Wochen wollte ich allein bleiben. Ohne Mann im Herzen, geschweige denn im Haus. Aber danach würde mein Traumprinz vorbeikommen und mich wach küssen. Vielleicht würde ich doch noch reich und berühmt werden, wenn ich erst wirklich lieben würde. Wir, der Neue und ich, würden gemeinsam nach Amerika ziehen, in die große, weite Welt.

Einige Wochen vergingen, dann einige Monate und

schließlich Jahre. Ich wurde tatsächlich noch ein wenig reicher, noch ein wenig bekannter und zog noch weiter fort, nach Manhattan. Allerdings ohne den Traumprinzen. Es tauchte volle sieben Jahre lang einfach keiner auf.

Nach der Scheidung fragte ich mich etwa anderthalb Jahre lang besorgt und erschüttert: Warum kommt er nicht? Ich fand – mit Hilfe meiner Freundinnen, die mein Los teilten, und dem danach üblichen Prosecco –, die naheliegende Antwort: «Es gibt keine Traumprinzen. Und darunter kommt uns nichts in unsere modernisierten Altbauwohnungen.»

Bange Fragen tauchten auf: Liegt es etwa an mir? Vertreibe ich Prinzen? «Nein, danke!» riefen wir, Selbstzweifel haben uns gerade noch gefehlt. Dann prosteten wir uns zu und vergaßen ganz schnell, worüber wir monatelang gesprochen hatten. Wir fanden neue Themen, Karriereplanung etwa, Kindererziehung, Traumdeutung, Fallschirmspringen.

Eine Frage jedoch schlich sich hartnäckig immer wieder in die Gespräche ein: «Ich bin so toll, warum bin ich Single?» Angestrengt las ich das gleichnamige Buch. Ich habe die Antwort sofort wieder vergessen, weil sie mir so falsch und belanglos erschien. Ich habe überhaupt viel Vergessenswertes zu diesem Thema gelesen, in humorlosen Ratgebern, heiteren Wochenendbeilagen, wohlmeinenden Frauenzeitschriften. Einiges – ich war jung und brauchte das Geld – schrieb ich sogar selbst.

Der Tenor lautete stets: Singles sind selbst schuld an ihrer Misere; sie sind arm dran, denn ihnen fehlt das wichtigste im Leben: die Liebe. Dieser Mangel macht sie so bitter, daß sie nicht nur schlechter leben, sondern sogar früher sterben. Singles haben nur dann eine Chance, glücklich zu werden, also einen Partner zu finden, wenn sie sich schleunigst ändern. Wie? Die verbreitetsten vier Theorien sind ebenso einleuchtend wie widersprüchlich. Sie lauten, stark verkürzt:

1. Wären Singles nicht wo wählerisch, hätten sie längst den ersehnten Partner.

Wer auf den attraktiven, einfühlsamen, intelligenten, sexy, väterlichen, verantwortlichen, großzügigen, reichen, erfolgreichen, bescheidenen, genußfähigen, lustigen, ernsthaften Traumprinzen wartet, braucht sich nicht zu wundern, daß er nicht kommt. Der ideale Mann ist nämlich etwa so selten wie Steinpilze im Juni. Die wenigen Prachtexemplare heiraten entweder Topmodels oder ihre Jugendliebe und vertrocknen hinter Jägerzäunen im Badischen oder in Mecklenburg-Vorpommern. Ganz, ganz wenige dieser Traummänner bleiben auf wundersame Weise über Jahre hinweg knackig, werden aber von ihren grinsenden Besitzerinnen weggesperrt. Tagsüber in übelriechende Bürozellen, abends in schlampige Wohnzimmer mit Schrankwand, Trinitron-Farbfernseher und Laufstall für ein fettes Baby: Dieses Dasein ist die Droge, von der sie inzwischen so abhängig sind, daß sie die Frage, ob sie sich mit ihrem mickrigen Leben zufriedengeben, mit brennendem Blick bejahen.

Ratgeber raten: Singles, Ansprüche runterschrauben, den Spatz in der Hand, irgendeinen nehmen! Warum nicht mal mit Karlheinz ausgehen, diesem langweiligen Tölpel, und sich auf sein schönes volles Haar konzentrieren oder versuchen, sein Lispeln liebenswert zu finden? Ein wenig Mühe und guten Willen muß man schon an den Tag legen, wie immer, wenn man etwas erreichen will, nicht wahr? Man kann nicht alles haben, das weiß doch jedes Kind. Bescheidenheit ist eine Zier. Also: Ansprüche und Erwartungen auf ein vernünftiges Maß reduzieren. Dann winkt der Erfolg, wobei Erfolg natürlich bedeutet: Schluß mit dem elenden Single-Dasein.

2. Wären Singles etwas wählerischer, hätten sie längst den ersehnten Partner.

Wer sich etwa prinzipiell in verheiratete Männer verknallt, die womöglich vier Kinder ernähren und eine sechsstellige Hypothek abzahlen müssen, hat ein Rad ab. Als könnte sich so einer eine Trennung leisten! Abgesehen davon trennen sich Männer niemals. Männer werden verlassen. Und welche Mutter von vier Kindern und mit Hypothek verläßt schon ihren Mann? Also: Erst denken, dann lieben! Noch dümmer sind Frauen, die nur Psychopathen in die engere Wahl ziehen: Arbeitssüchtige, die bereits das zweite Rendezvous für ein Geschäftsessen mit einem zwielichtigen Headhunter sausenlassen. Drogensüchtige, die schwören, nur noch am Wochenende fixen zu wollen, wenn man sie nur genügend liebe und ihnen 10 000 Mark leihe. Versager, die mit 35 immer noch hauptberuflich als Fahrradkurier jobben und von ihren Stiefvätern mehr schlecht als recht ausgehalten werden, weshalb sie einen um 10 000 Mark anpumpen. Träumer, die mit 45 anfangen, Gitarrenunterricht zu nehmen, um auf ihre alten Tage John Lee Hooker zu werden – wozu man ihnen 10 000 Mark leihen soll. Kuscheltiere, die einen nach zwei Wochen Mausi oder Schnurzi oder Schätzelchen oder etwas anderes Krankhaftes mit i oder chen am Ende rufen. Muttersöhnchen, die so lange nölen und wimmern, bis man ihre Socken gefunden hat, und die einen mit ihren tränenreichen Kindheitsgeschichten und Babymarotten in einen lebenden Feudel verwandeln, der hauptberuflich hinter ihnen herwischt. Frauen, die sich auf derart gestörte Exemplare einlassen, erleiden nach kurzer Zeit einen Nervenzusammenbruch, bekommen schlechte Haut und werden fett oder mager. Was wiederum umgehend mit Alleinsein bestraft wird.

Ratgeber raten: Die Meßlatte hoch legen. Erst prüfen, dann binden. Nicht gleich mit ihm ins Bett gehen, erst drei bis fünf Gespräche führen, die Mutter kennenlernen und, falls möglich, die Geschwister. Köpfchen beweisen bei der Partnerwahl! Frau muß wissen, was sie will und braucht und verdient, damit sie es bekommt. Und auf keinen Fall das eigene Licht unter den Scheffel stellen: Selbstwert ist mehr wert als eine aufregende Affäre. Außerdem: Gibt er seinem Hund beim Frühstück eine Scheibe Wurst ab? Flucht er beim Autofahren? Kann er stricken? Schenkt er Ihnen den richtigen Diamanten zum richtigen Anlaß? Sagt er Gesundheit, wenn jemand niest? Nur wer auf Zeichen achtet, erlebt Wunder. Dann winkt der Erfolg. Auch in diesem Fall bedeutet das: Schluß mit dem elenden Single-Dasein.

3. Hätten Singles etwas mehr Energie in frühere Beziehungen gesteckt, dann lebten sie immer noch in einer.

Der Liebste hat ständig schlechte Laune. Haben Sie wirklich alles versucht, ihn aufzuheitern? Spargel-Morchel-Champagner-Dinner, serviert in aufregenden La-Perla-Dessous und perfektem Make-up? Er hat ein Verhältnis mit Ihrer Mutter. Ist das Fleischmesser an seiner Kehle wirklich eine gute Reaktion? Wäre es nicht fruchtbarer, zu dritt einen geschulten Therapeuten zu besuchen und in Ruhe über alles zu reden? Sie können ganz einfach seinen Anblick nicht mehr ertragen, die Bartstoppeln im Waschbecken, seine Grunzlaute im Schlaf, den Kippengeruch, der aus jeder Pore dringt, den lieblosen Vollzug des Geschlechtsaktes jeden zweiten Samstag. Wie kindisch. Eine Beziehung ist doch kein Sonntagsspaziergang, und ein paar kleine Fehlerchen müssen Sie schon in Kauf nehmen für die Liebe. Er schlägt Sie, wenn er betrunken ist. Traurig, aber vielleicht hatte er wirklich eine schwere Kindheit? Erkundigen Sie sich bei einer Selbsthilfegruppe, und machen Sie ihm einen

Termin. Am besten, Sie gehen gleich mit hin. Geteiltes Leid ist halbes Leid. Und heißt es nicht, in guten wie in schlechten Zeiten müsse man zueinander halten? Keine Lust dazu? Dann sehen Sie doch zu, wie Sie allein zurechtkommen, Sie trotziges, unreifes Ding!

Ratgeber raten: Reißen Sie sich zusammen, und machen Sie sich an die Arbeit. Er ist ein erstklassiges Arschloch? Ein Versager erster Güte? Ein Dummkopf mit Haaren auf dem Rücken? Lieben Sie ihn um so mehr! Wir alle haben Fehler. Deshalb gibt man doch eine Partnerschaft nicht auf. Und: Es muß nicht böse gemeint sein, wenn er mit einer anderen schläft. Vielmehr kann es die Chance für einen Neubeginn bedeuten, faktisch und spirituell. Gönnen Sie sich endlich wieder mal einen Traumurlaub zu zweit! Tapezieren Sie das Schlafzimmer neu! Lernen Sie gemeinsam Finnisch, und machen Sie regelmäßig Radtouren. Glück muß man sich gelegentlich erstrampeln, im Schweiße seines Angesichts und mit blutender Seele. Dann winkt der Erfolg. Erfolg bedeutet natürlich auch in diesem Fall: Vermeidung des elenden Single-Daseins.

4. Hätten Single-Frauen etwas weniger Energie in frühere Beziehungen gesteckt, dann lebten sie immer noch in einer.

Er vergißt zum elftenmal den 17. Oktober, den heiligen Tag, an dem Sie ihn zum erstenmal an der Bushaltestelle angelächelt haben? Sei's drum! Es reicht ja, wenn Sie dran denken, den Champagner kalt stellen und ihn mit roten Rosen überraschen. Er ist in Vaterschaftsurlaub und verbringt ihn hauptsächlich damit, Tennis zu spielen und mit dem dänischen Au-pair-Mädchen zu schlafen, während Sie arbeiten gehen und nach Feierabend den Haushalt schmeißen? Nicht schön, denken Sie, aber Sie wissen: Die Vaterrolle ist ja auch nicht einfach. Diese Verantwortung, der Druck, der auf ihm lastet. Jeden Abend, wenn Sie vom Büro nach Hause kommen, loben Sie ihn dafür, daß das Kind noch lebt, und nehmen es ihm komplett ab. Sie kaufen ihm als Anerkennung einen noch leichteren Tennisschläger. Bevor Sie ins Bett gehen, zupfen Sie das Laken glatt und fingern das blonde Haar vom Kissen, aber so, daß er es nicht bemerkt. Sie wollen ihn doch nicht kompromittieren, das Aupair ist gerade 17 Jahre alt. Er beschimpft Sie unflätig, weil Sie fettige Pizza mitgebracht haben, statt zu kochen? Sie haben es verdient. Deshalb entschuldigen Sie sich und brutzeln flugs ein Drei-Gänge-Menü unter 800 Kalorien. Gut, daß er Ihnen vergibt. Denn einen Gott wie ihn haben Sie im Grunde gar nicht verdient, Sie mit Ihrer spitzen Nase und Ihren dicken Knöcheln. Sogar Ihre Mutter mußte sich Mühe geben, Sie zu lieben, stimmt's? Und er, er schläft sogar einmal im Monat mit Ihnen. Sie sind ein wahrer Glückspilz. Falls Sie so denken, müssen Sie sich nicht wundern, wenn Sie allein dastehen. Sie gehören zu den Frauen, die zu sehr lieben, und sind deshalb absolut nicht liebenswert.

Ratgeber raten: Er ist eine verzogene, egoistische, weinerliche Schlampe? Sagen Sie nicht: Der Ärmste hat es so schwer. Nennen Sie die Dinge vielmehr beim Namen. Konfrontieren Sie ihn. Finden Sie sich nicht mit allem ab. Nehmen Sie Ihre eigenen Wünsche und Bedürfnisse ebenso ernst wie seine, wenn nicht ernster. Erwarten Sie seinen Respekt, Sie haben ihn verdient, auch wenn Sie ein unbegabtes Mittelkind sind und häßlich wie ein Rabe. Lernen Sie, mit der Faust auf den Tisch zu schlagen. Nehmen Sie Karatestunden, das erhöht das körperliche Selbstbewußtsein, was wiederum Ihre gesamte Ausstrahlung verbessert. Seien Sie nicht seine Magd, sondern das Burgfräulein, dem er seine Minne darbietet – Diamantringe, Karibikreisen, großartigen Sex. Kindern muß man Grenzen setzen, Männer brauchen die Chinesische Mauer, mit Stacheldraht verstärkt.

Suchen Sie sich einen Therapeuten, der Ihnen dabei hilft, sie zu bauen. Gruppentherapien sind billiger und tun's auch. Ein wenig Selbstverbesserung, und schon winkt der Erfolg: Das elende Single-Dasein hat ein Ende.

Anderthalb Jahre lang dachte ich darüber nach, in welche Fehlergruppe ich gehöre. Liebe ich zuwenig, zuviel, bin ich zu wählerisch, oder halte ich jeden Idioten für den Größten? Bald kam ich zu dem Ergebnis, daß ich alles falsch mache: Ich bin der Beziehungs-Super-GAU und werde nicht einmal in der Hölle einen stinkenden Hilfsteufel abkriegen. Dann fand ich wiederum, es könne nicht an mir liegen, denn ich bin ziemlich perfekt.

Ich habe mich während meiner Single-Zeit keineswegs zu einem psycho-sozialen Problemfall entwickelt, zu einem monströsen Krüppelwesen, dem die Fähigkeit fehlt zu lieben. Ich liebe, und wie! Zwar nicht den einen, aber viele und vieles. Meine Freunde, den Beruf, die Kinder, den Sonnenschein, Pediküre, Veilchenduft, Birnen.

Die Behauptung «Ich brauche keinen Mann» hält der Wirklichkeit stand. «Ich, nur ich allein» ist vielleicht nicht perfekt, aber längst nicht so marode wie die «Wir», die ich ausprobiert habe. Alleinsein ist eine Alternative, keine Katastrophe.

Über 60 Prozent aller Deutschen, die älter sind als 20, sind verheiratet. Finanzielle Abhängigkeiten, Traditionen, Liebe, Kinder, Angst vor Einsamkeit, Neurosen – es gibt viele Gründe, und fast alle sind schlecht. Die Scheidungsraten sind hartnäckig hoch: Wer heute heiratet, dessen Chance, sich nach sechs Jahren scheiden zu lassen, liegt bei über 50 Prozent. Die Zahl der Eheschließungen geht zurück, die Zahl der Alleinlebenden steigt, auch die Zahl der Singles, die nicht im finanziellen oder sozialen Elend und Grauen darauf warten, daß sich ihr Zustand so schnell wie möglich wieder ändert.

Viele meiner Freundinnen sind zufriedene Singles. Keine hatte allerdings damit gerechnet, länger als einige Monate allein zu bleiben. Im Alter von fünf Jahren haben wir unseren Puppen Geschirrtücher um den Hohlkopf gewickelt und mit ihnen Hochzeit gespielt. Mit sieben lernten wir lesen, und zwar über Familien, in denen die Väter Felder pflügten und die Mütter Socken stopften und Gurken einweckten. So wußten wir bereits als Volksschülerinnen: Eines Tages wären wir selbst diese Mütter. Die Pubertät verbrachten wir damit zu üben, hübsche, sexy, sogar belesene und gebildete Partnerinnen zu werden, mit Kind und Karriere oder sogar kinderlos. Und schließlich fanden wir ihn, den Mann, der uns zur echten Frau machte; dann den nächsten und so weiter. Wer hätte gedacht, daß die Kette jemals abreißen könnte? Das passierte doch nur Omas, die mit 70 verwitwen und niemanden mehr finden, weil die Männer in ihrem Alter alle tot sind.

Meine Freundinnen und ich reagierten auf das endlose Single-Dasein zunächst mit Selbstzweifeln, Panik, Galgenhumor und gelegentlichen Männerhaßattacken. Für den Richtigen hätten wir unser Leben sofort aufgegeben. Tenor: «Für den Besten sofort, für den Zweitbesten vielleicht, für den Drittbesten eher nicht.» Dina, Rentnerin, seit 40 Jahren geschieden und mittlerweile glückliche Single-Veteranin, bringt es auf den Punkt: «Ich habe mich dafür entschieden, allein zu bleiben, weil ich mit mir selbst besser lebe als mit allen Männern, die ich getroffen habe.»

Wir sind Singles, weil wir uns so toll finden.

Ich mach, was mir gefällt!

Warum Kompromisse der Anfang vom Ende sind und alles gut ist, wenn das Ende gut ist.

Freiheit ist, in einer löchrigen Schlabberjogginghose auf dem Sofa herumzuhängen, die eine Hand im Nutellaglas, die andere auf der Fernbedienung. Freiheit ist, auf dem Teppich zu kauern und zu versuchen, die Knoten pro Quadratzentimeter zu zählen, ohne daß jemand die psychiatrische Ambulanz ruft. Freiheit ist, im Stehen frühstücken zu können, ohne hören zu müssen, daß man davon Krampfadern, Magenbluten und Leistenbrüche bekommt. Freiheit ist, alle drei Tage die Möbel umzustellen, ganz rauszuschmeißen, nackt zu putzen, gar nicht zu putzen – und zwar ohne ermahnt, beschimpft oder gefragt zu werden: «Bist du noch ganz fit?» Freiheit ist eine eigene Wohnung. Eine warum- und wiesobloßfreie Zone, 40 oder 200 Quadratmeter groß, wo Sonnenköniginnen herrschen, anarchisch, demokratisch, diktatorisch, manisch-depressiv oder alles gleichzeitig.

Die eigene Wohnung. Mit ihren intimen und rätselhaften Gerüchen nach Butterblumen und Hirschleder und Brotteig. Mit ihren Geheimnissen: die dritte Diele im Flur, die knurren kann wie ein wütender Hund, wenn man mit beiden Beinen draufspringt. Die Zimmerlinde, die im Frühling gegen 15 Uhr den Schatten eines Fauns an die Wand hinter dem Sofa wirft. Die Heizungsrohre, die Trost schenken: Sie knacken immer dann, wenn einen das Gefühl überwältigt, der einzige Mensch im Weltall zu sein. Sie erinnern daran, daß irgendwo in der Nähe ein Klempner wohnt, der sie verlegt hat und den man zur Not anrufen könnte: «Bitte kommen Sie sofort. Ich werde nämlich gleich wahnsinnig. Die Heizung knackt.»

Die eigene Wohnung ist Freundin, Vertraute, Geliebte: «Ich liebe meine Wohnung!» Wer behauptet das nicht? Sie taucht erstmals in Teenagerträumen auf. Mit 17 stirbt man beinahe vor Sehnsucht nach ihr. Man liegt auf dem Kinderzimmerbett und stellt sie sich vor, mit Teppichen, Kissen, Übertöpfen, Ikea-Regalen und Kommoden, die man Tante Ursula abschwatzen wird. Ein wenig fürchtet man sich noch vor ihr, denn vielleicht ist man zu jung. So wie man für ein Kind zu jung ist. Oder für ein Auto. Oder für die Teilnahme an einer Landtagswahl. Aber dann, endlich, ist man alt genug.

Die erste eigene Wohnung ist eine Liebesgeschichte, die man nie vergißt. Sie war eigentlich klein, schäbig, zugig und mit Möbeln eingerichtet, die man mit Freunden und Handkarren vor dem Sperrmüllgnadentod gerettet hatte. Widerspenstig standen sie herum, waren viel zu groß für die engen Zimmer und viel zu düster. Aber wir waren jung und unbekümmert und so verknallt in die eigene Wohnung. Kein häßliches Möbelstück, kein Wasserfleck konnte ihrer Herrlichkeit Abbruch tun. Sie war wunderbar und perfekt.

Ohne die eigene Wohnung wären wir noch langsamer erwachsen geworden, als wir es ohnehin schon sind, vielleicht sogar gar nicht. Das Gemeine ist: Kaum ist man erwachsen, heiratet man oder trifft den Mann, den man heiraten könnte, wäre man nicht prinzipiell dagegen. Jedenfalls heißt es dann, eine Entscheidung zu treffen: Er oder sie. Die wenigsten Partner dulden eine eigene Wohnung neben sich. Sie wollen zusammen- oder einziehen. Es ist schließlich normal und romantisch und schön und viel billiger. Mit blutendem Herzen löst man sie also auf, stellt die Möbel an den Straßenrand und schaut neidisch auf das junge Ding, das anfängt, mit leuchtenden Augen den ordentlichen Stapel aus Brettern und Lampenschirmen zu durchwühlen.

Sie denkt dabei an ihre erste eigene Wohnung, in der sie endlich die Füße unter ihren eigenen Tisch strecken, im Bett rauchen, Airbrush-Bilder an die Wände sprühen, während des Essens in der Nase bohren – frei sein kann!

Aber warum gibt man freiwillig seine Freiheit auf? Aus Liebe. Ute, 35, ist Schauspielerin. Sie war sechs Jahre lang mit einem Rockgitarristen verheiratet, ist sei drei Jahren geschieden und lebt allein. Ute behauptet, sie hätte ihre Freiheit niemals bewußt aufgegeben, sie sei ihr vielmehr heimtückisch geraubt worden: «Mein Exmann hat sich richtiggehend in meine Wohnung eingeschlichen. Wie ein Grippevirus. Erst brachte er die Zahnbürste, dann einen Koffer mit Unterwäsche und Ersatzklamotten. Dann ein paar Gitarren und Verstärker. Als ich merkte, daß er mein Reich in Beschlag genommen hatte, war ich bereits zu geschwächt, um mich zu wehren.» Romantisch war es wohl auch: Ist es nicht herrlich, morgens aufzuwachen, und da liegt der Richtige, bloß einen Millimeter entfernt? Daß er Kabel, Socken und Zigarettenschachteln in Flur, Küche und Bad verstreut – darüber blickt jede 24 Jahre junge, frisch verliebte Frau hinweg, auch Ute. Utes rosarote Brille, die sie danach selbst nachts nicht ablegte, hatte einen eingebauten Chaosfilter. Nach etwa drei Monaten ließ die Wirkung jedoch nach. Ute sah sich um und erschrak. Sie erklärte die Wohnung zum Krisengebiet und zettelte Territorialkriege an. Der Feind war er, der womöglich doch nicht ganz Richtige. Es gab erbitterte Schlachten, vor allem um das Badezimmer und die Haare im Abfluß, um die Küche und um Schrankraum: Durfte er seine verschwitzten Lederklamotten neben ihren frisch gereinigten Armani-Anzug hängen? Natürlich nicht. Er tat es – natürlich – trotzdem.

Ute erlebte das Übliche: Der siebte Himmel entpuppte sich als loderndes Fegefeuer. Die Beziehung zerbröckelte mehr und mehr, auch, weil beide unablässig mit Staubwedeln, Spülbürsten und Putzplänen darauf eindroschen – einer von vielen Fällen, der beweist, daß die Rechnung «ein Mann, eine Frau, eine Wohnung» oft nicht aufgeht. Ute ist immer noch bitter, wenn sie über die eheliche Wohnung spricht: «Mein Exmann hatte mich zu der Frau gemacht, die ich selbst nicht leiden konnte: Ich keifte schlimmer als meine Mutter, und dann auch noch über dieselben Themen. Ihre Arien über meine Unordnung haben mich aus dem Elternhaus getrieben. Jetzt führte ich sie selbst auf. Ich fühlte mich abscheulich und verloren. Ich hatte vergessen, wer ich sein wollte. Letztlich war es mir sogar egal, wer ich war. Ich hatte das Gefühl, mein Leben sei ohnehin gelaufen. Mein seelisches Chaos spiegelte sich am deutlichsten im Zustand der Wohnung wider. Sie war zu einem lieblosen, geschmacklosen, schlampigen Ort verkommen, an dem ich mich unwohl fühlte. Ich glaube, ich habe in dieser Zeit nie Freundinnen eingeladen, so peinlich war mir das Durcheinander.»

Aus der netten, fröhlichen Ute war im Laufe der freudlosen Tage und Nächte ihrer Ehe eine depressive Furie geworden. Statt wie früher Blumen auf den Tisch zu stellen, warf sie mit Vasen. Statt wie früher nach der Arbeit die makellose Ordnung im Heim liebevoll wiederherzustellen, versank sie nach Feierabend in düstere Grübeleien. Das Geschirr stapelte sich in der Spüle. Na und? Glänzende Teller und Gläser würden Utes Leben auch nicht strahlender machen. Sie hatte andere Sorgen als Rotweinflecke auf dem Teppich oder vergilbte Gardinen. Ihr Gatte kam immer seltener vor dem Morgengrauen nach Hause. Er betrog sie offensichtlich. Ute reagierte mit Selbsthaß: Es war vermutlich ihr Fehler, ihre Schuld, denn besonders liebenswert fand sie sich selbst nicht mehr. Sie öffnete das große Wohnzimmerfenster und lieferte ihm die entsprechenden Szenen. Sie drohte, seinen ganzen Kram zum Fenster rauszuschmeißen und ihn gleich hinterher. Er hatte einen weiteren Grund, Trost bei netteren Frauen zu suchen, die nicht nur an das eine dachten: Sauberkeit. Seine Diagnose: «Du leidest an Putzwahn, das ist nicht normal.»

Ute verbrachte ihre Freizeit damit, sich mit Phantasien über das Sexleben ihres Mannes zu quälen. Da blieb keine Kraft für die Orgien mit Meister Proper, die sie früher so geliebt hatte. Sie fühlte sich schlecht, deshalb sah die Wohnung schlecht aus, deshalb fühlte sie sich noch schlechter – ein Teufelskreis, der im schlimmsten Fall mit Kakerlaken, Hautpilzen und faustgroßen Wollmäusen endet. Ute hatte vergleichsweise Glück. Nach fünf Jahren, auf dem Höhepunkt des Ehekrieges, lag ihr Heim auf der bei zehn endenden Unbewohnbarkeitsskala bei etwa sechs, denn einmal wöchentlich kam eine Putzfrau, die das Schlimmste verhinderte. Vor der Ehe dagegen war Utes Wohnung eine glatte Eins. «Ich hatte Zeitschriften wie *Mein herrliches Zuhause* abonniert und bastelte Lampenschirme nach Vorlage. Alles war so perfekt, wie es jetzt wieder ist.»

Ute fühlte sich nicht nur ihres Raumes beraubt. Ihr Exmann bestimmte auch über ihren Geschmack, ihre Karriere, ihren Lebensstil. «Ich konnte nicht mehr ich selbst sein. Er mochte meine Tiere nicht, er mochte meinen Feierabendlook nicht, er mochte meine Musik nicht.» Ute wollte Vivaldi hören, Rosemary Clooney und die Ramones. «Du hast keinen Geschmack», urteilte er, denn er glaubte fest daran, daß sie keine Götter neben Eric Clapton und ihm selbst haben dürfe. Ute wollte weniger arbeiten und mehr Zeit für sich haben. Zu Hause sein, nachdenken, herumtrödeln. «Wenn ich nur vorsichtig die Rede darauf brachte, daß ich genug Geld verdient hätte, um ein paar Monate lang weniger zu arbeiten, flippte er aus. Er warf mir vor, ich besäße keinen Ehrgeiz, ich sei phlegmatisch, faul und verweichlicht. Im Grunde machte er sich nur Sorgen, daß er sich vielleicht die neue schwarze Lederhose oder die neue weiße Gitarre nicht mehr würde leisten können, wenn sein Goldesel den Dienst auch nur teilweise einstellte.»

Ute glaubte ihrem Exmann zunächst aufs Wort. Es gehörte sich schließlich nicht, keine Karriere machen zu wollen, wenn sie einem geradezu aufgedrängt wurde. Nur Versagerinnen arbeiten weniger, als sie können. «Ich war nicht stark genug, diesem Klischee zu entkommen. Vielleicht bin ich tatsächlich faul. Ich habe noch nie gern gearbeitet. Ich mag meinen Beruf, aber noch lieber arbeite ich nicht. Heute kann ich sagen: So bin ich eben. Damals schämte ich mich aber. Ich fühlte mich von ihm ertappt. Da ich außerdem die meiste Zeit weinte oder tobte oder depressiv auf dem Sofa lag, glaubte ich schließlich selbst, was er mir ständig einredete: Ich sei nicht in Ordnung.»

Utes Exmann behauptete stur und fest, er liebe sie und sei ihr treu. Er käme nur so spät nach Hause, weil er hart arbeite und nach den Shows wichtige Leute träfe. Er wolle beruflich erfolgreich sein. Das einzige Problem sei Ute. Er könne sich nicht auf seine Arbeit konzentrieren, solange seine Frau ein seelisches Wrack sei. Sie leide an Wahnvorstellungen, womöglich hervorgerufen durch ein schweres Kindheitstrauma. Ute glaubte den Unsinn und begann eine Therapie, um sich reparieren zu lassen. Die Therapie brachte das vorhersehbare Ergebnis: «Ich litt an keinem Trauma. Mein einziges Problem war er. Ich mußte mich lediglich von ihm trennen.»

Ute wollte es nicht wahrhaben und blieb. Sie stürzte sich nach Feierabend auf seine Mäntel und Jacken, um in den Taschen nach Zettelchen mit Telefonnummern, Kondomhüllen oder blonden Schamhaaren zu suchen. Sie lag bis morgens um vier wach, um ihn nach seinen Auftritten gebührend in Empfang zu nehmen: «Meine Stimme war damals unglaublich schrill, und die Schimpfwörter, die ich ihm um die Ohren schlug, sind mir heute noch peinlich.» Sie erlitt zudem regelmäßig Anfälle von Kochzwang, hervorgerufen durch die Wahnvorstellung, daß Liebe durch den Magen geht. Stundenlang bereitete Ute Trüffelpasteten zu, schnitt Gurken in herzförmige Scheibchen, bügelte Damasttischtücher und polierte silberne Serviettenringe. Eingehüllt in ein Nichts aus Samt und Seide wartete sie am Tisch, den sie in einen prächtigen Altar kulinarischer Genüsse verwandelt hatte. Aber: «Meistens kam er gar nicht, und ich schmiß alles weinend in den Müll. Tauchte er doch auf, stopfte er die Sachen ebenso gedankenlos in sich hinein wie einen Hamburger.»

Eines Abends beschloß Ute, ihn mit einem Fleischmesser zu begrüßen. Sie wollte es ihm in den Rücken rammen. Als sich der Schlüssel im Schloß drehte, ging sie ruhig in die Küche, öffnete die Besteckschublade und suchte das geeignete Werkzeug. Es hatte keine Zacken, die Klinge war schmal, lang, frisch gewetzt und lief sehr spitz zu. Sie bedrohte damit zur Probe den Kühlschrank. Es war perfekt. Dann machte sie sich auf den Weg in den Flur: «Nach zwei Schritten wußte ich, daß die Therapeutin recht hatte. Ich mußte mich scheiden lassen. Ich legte das Messer zurück und tat, als sei nichts geschehen. Am nächsten Tag suchte ich mir einen Anwalt.»

Der erste Schritt nach der Trennung: Sie verwandelte die verhaßte Musikerabsteige zurück in ein ordentliches Nest, mit sonnengelben Vorhängen und Wänden. Ute lehnte Rollenangebote ab und arbeitet seither so wenig wie nötig. Sie trägt, wann immer es ihr gefällt, Pyjamahose mit Gesichtsmaske und Lockenwicklern. Sie nimmt Dienstag abends das Telefon nicht ab, weil ihr und ihrer Stimme das Ritual, einen Abend pro Woche nicht zu sprechen, gut bekommt, und muß sich nicht mehr sagen lassen, sie sei asozial und verhaltensgestört. Sie ist süchtig nach der Seifenoper *Chicago Hope* – «und keiner sagt mir mehr, ich hätte den IQ eines Brathähnchens». Sie besitzt Meerschweinchen, Wellensittiche und Mäuse, und gelegentlich liegt sie einen ganzen Abend lang auf dem Sofa, starrt an die Decke und ist unglücklich. «Keiner versucht mehr, mir einzureden, daß ich spinne, verrückt oder traumatisiert sei oder dieses und jenes falsch mache. Ich weiß wieder, wer ich bin. Ich bin nicht perfekt. Vielleicht bin ich sogar merkwürdig. Bestimmt mache ich vieles falsch. Aber seit ich wieder mache, was mir gefällt, und wohne, wie es mir gefällt, mag ich mich wieder!»

Die Freiheit, in den eigenen vier Wänden tun und lassen zu können, was man möchte, führt nicht zwangsläufig zum schöneren Wohnen. In meinem Bekanntenkreis wohnen vor allem männliche Singles oft überhaupt nicht. Sie haben natürlich eine Adresse, einen dazugehörigen Schlüsselbund und einen Telefonanschluß, aber das ist auch alles.

Martin ist 36 und Anwalt, seine längste Beziehung dauerte ein knappes Jahr und ist seit vier Jahren vorbei. In seinen Einbauküchenschränken stehen 22 Flaschen mit Vitamintabletten, eine Tasse und eine vermutlich kaputte elektrische Zahnbürste. Unter der Spüle, die staubig ist, weil sie höchstens einmal im Jahr mit Wasser in Berührung kommt, kauert ein Gerät, von dem Martin annimmt, es sei eine Spülmaschine. Er hat das Ding noch nie benutzt, es könnte auch ein Betonmischer sein oder ein Backofen. Im Wohnzimmer steht ein Schreibtisch, der beladen ist mit zerknitterter Wäsche, dem BGB, dem StGB, ungeöffneten Briefen, geöffneten Aktenordnern und Taucherflossen. Auf der Matratze sind Kissen, Socken und ein Paar Turnschuhe verteilt. Daneben liegen vier Stapel Altpapier und ein brandneuer Staubsauger mit Zehnfachfilter, ein Weihnachtsgeschenk seiner verzweifelten Mutter: Was hat sie nur falsch gemacht, daß der Junge nicht wohnen mag, geschweige denn heiraten? Martins Fernseh- und Hifi-Equipment hat etwa soviel gekostet wie ein Lear Jet und hat eine Doppelfunktion: Es ist nebenbei als Stummer Diener im Dauereinsatz, für Handtücher, Gästegarderobe und Anzüge, die frisch aus der Reinigung kommen.

Martin betrachtet seine Wohnung nicht als Ort der grenzenlosen Freiheit und Selbstverwirklichung, sondern als Katastrophengebiet: «Manchmal wünschte ich, ich hätte eine Freundin, die mit einem Schwamm die Wände pastellfarben tupft und Möbel kauft und so hinstellt, daß sie Sinn machen und gut aussehen.» Aber der Preis der Gemütlichkeit wäre ihm zu hoch: «Ich habe mich so daran gewöhnt, Entscheidungen für mich allein zu treffen, daß ich für eine Partnerschaft wohl verdorben bin.»

Lieber Kakerlaken – Martin behauptet, bei ihm gebe es keine, was garantiert gelogen ist – als eine Frau, die ihm dreinredet. Wann und wohin er in Urlaub fährt, wieviel Geld er für Autos und Kleidung ausgibt, ob er sich verschulden oder eine verschärfte Sparphase einlegen sollte, ob er sich Fett absaugen oder den Hintern tätowieren lassen, ob er jeden Montag ins Bordell gehen oder ein Jahr lang auf Sex verzichten will – es gibt nur einen Menschen, von dem sich ein echter Single etwas aus- oder einreden läßt: ihn selbst. Tun und lassen, was einem gefällt. Das ist die Idee, die Definition und die goldene Seite des Single-Lebens.

Als ich 35 Jahre alt war, zog ich in die große, weite Welt, nach New York City. Ich erfüllte mir endlich einen Traum und machte, was ich schon immer wollte. Wie konnte ich nur?

Den sicheren Job, die schöne Altbauwohnung, die guten Freunde – wie konnte ich das alles aufgeben? War ich verrückt geworden? Litt ich unter präsenilem Realitätsverlust? Wußte ich etwa nicht, wie leicht man in New York unter die Räder kam, in der Gosse landete, kläglich scheiterte? Es hatten schon ganz andere als ich nicht geschafft, in diesem ungastlichen Moloch Fuß zu fassen, was bildete ich mir ein – eine Ausnahme zu sein? Etwas Besonderes womöglich? Ich mit meinem unterdurchschnittlichen Abiturzeugnis und meinem überdurchschnittlichen Gewicht – nahm ich etwa im Ernst an, ich hätte auch nur die geringste Chance, in New York überleben zu können? Und vor allem: Wie kann man nur mit einem kleinen Kind ins Ausland ziehen, das die Sprache nicht kann? Zum Glück gab es keinen Partner, der es wagte, mir diese Fragen zu stellen. Womöglich hätte ich die Traumverwirklichung sonst bereits in der Anfangsphase abgeblasen. Denn natürlich stellte ich mir all diese Fragen auch selbst, aber liebevoll und leise, wie eine gute Freundin, sie stellen würde. Bis ich sie schließlich überhörte. Ich wollte und ich würde, basta.

So einfach ist das Leben als Single: Ich habe eine Idee. Ich verwirkliche sie. Mit Partner, selbst mit dem besten, war das ganz anders: Ich hatte eine Idee. Er hatte Einwände. Wir diskutierten. Was übrigblieb, war bestenfalls ein Kompromiß. Meistens konnte ich mir meine Einfälle ganz und gar abschminken.

Gelegentlich höre ich im Geist immer noch eine nölige, arrogante Männerstimme, die «aber» sagt, das Reizwort schlechthin. Aber wenn es nicht klappt mit dem Job in New York? Aber wenn die Idee doch nicht so gut ist? Aber wenn das Kind sich nicht wohl fühlt? Aber wenn du hinunterfällst, weil du dich zu weit aus dem Fenster hängst? Aber wenn ein Meteorit auf dich stürzt, wenn du das Haus verläßt?

Es gibt Menschen, die sich von Abersagern beschützt fühlen. Sie halten Einwände für Weitsicht. Sie glauben, daß Leute, die an allem herummäkeln, an Dinge denken, die man selbst – «Hoppla, ich Dummchen!» – übersehen hätte. Sie fürchten, ohne die Einwände und Entmutigungen ihrer persönlichen Skeptiker – vorzugsweise Ehemänner – wären sie schon in so manche Falle gestolpert.

Ich glaube daran, daß die AOK, der Deutsche Herold und Airbags Sicherheit bringen, und zwar weniger, als sie versprechen. Abersager bringen statt dessen gar nichts. Sie sind kleine, feige, häßliche Miesmacher, Klötze am Bein,

Hemmschuhe, Krämerseelen, die erbarmungslos auf Träumen und auf dem Selbstwertgefühl anderer Leute herumtrampeln. Ich habe sie aus meinem privaten Familienökosystem ein für allemal vertrieben. Ich habe meine Welt mit Menschen besiedelt, die mir Wege ebnen, statt Hürden vor mir aufzurichten. Sie stimmen ein in meinen liebsten Schlachtruf: «Warum nicht!» Wenn ich falle, schütteln sie nicht die Köpfe und nölen: «Ich hab's dir ja gleich gesagt.» Sie helfen mir statt dessen wieder auf die Beine: «Keine Ursache, wir sind doch Freunde!»

Mein erster Tag in New York war ein typischer erster Tag: gleichzeitig aufregend und beunruhigend. Ich genoß den Stau vom Flughafen in die Innenstadt wie jeder überwältigte Tourist. Diese Skyline, dieses Heer von gelben Taxen auf den zigspurigen Highways, diese bunten Menschen!

Das Häuschen, in dem ich eine Wohnung gemietet hatte, war das Gegenteil eines schillernden Glasturms an einer mondänen Prachtstraße. Ich hatte das Appartement nur kurz besichtigt. Es war hübsch. Oder nicht? Plötzlich war ich mir nicht mehr sicher. Ich war mir auch nicht mehr sicher, ob ich wirklich hier leben wollte. Eine Minutendepression breitete sich in mir aus und trieb mir die Tränen in die Augen: Ich hatte kein Zuhause mehr in Deutschland, und vom neuen hier wußte ich nicht einmal, ob ich es mögen würde. «Guck mal, Mama, wie toll, die Stattuofflibetti!» rief meine Tochter und drückte die Nase an die Scheibe. Ich war auf einen Schlag wieder glücklich. Die üblichen Stimmungsschwankungen, die sich einstellen, wenn sich das Leben von Grund auf ändert. Zuletzt während meiner Schwangerschaft.

Mein Exmann schoß mir durch den Kopf: Er hielt Stimmungsschwankungen für krankhaft. Sie zählten zu unseren liebsten Streitanlässen. Da fiel mir auf: Seit ich Single war, stritt ich kaum noch, und schon gar nicht unsachlich-bösartig wie als Ehefrau und Partnerin. Vermutlich hatte ich es verlernt. Prima!

Das Taxi hielt. Die Wohnung war sogar noch schöner, als ich sie in Erinnerung hatte. Leider hatte ein offenbar perverser Vormieter Spinnweben, Wollmäuse, Ruß, Zigarettenkippen gewissenhaft über Böden, Simse und Einbauschränke verteilt. Ich setzte mich auf einen der Koffer und starrte erschöpft auf meine Knie. Was tun? Sie wußten es nicht. «Mama, komm schon, wir gehen schwimmen! Ich schwitze!» Ich schwitzte auch. Überredet.

Wir fragten uns zum nächsten Fitness-Club mit Pool durch und wurden Mitglieder. Wir entdeckten auf dem Rückweg den «Japaner um die Ecke», aßen California- und Boston-Rolls und fanden sie ausgezeichnet. Wir probierten den nächstgelegenen Supermarkt aus. Ich kaufte die nötigsten Lebensmittel und alle, selbst die unnötigsten Putzmittel. Im Baumarkt erwarb ich einen Staubsauger, einen Hammer und einen riesigen Schraubendreher. Und eine Flasche Sekt im Schnapsladen.

Ich schleppte alles nach Hause. 50 Tüten? 500 Kilo? Extreme Situationen wecken extreme Kräfte. Ich putzte das Kinderzimmer und baute aus Isomatten und Schlafsäcken ein Bett. Ich putzte die Nacht durch, wütend und manisch, als ginge es darum, den Titel «Beste deutsche Putzfrau in NYC» zu gewinnen. Erst morgens um fünf war die Welt für mich in der Ordnung, in der ich leben wollte: staubfrei, keimfrei, duftend. Meister Proper, dessen US-Zwilling «Mister Clean» heißt, lächelte mich an, und ich prostete ihm zu: «Auf mich, die gefürchtetste Staubvernichterin der Neuen Welt! Und darauf, daß ich möglichst schon morgen eine legale Putzfrau finde!» Das war also die Feier des allerersten Tages. Ich erkannte vertraute Wahrheiten: Außerordentliche Pläne erfordern zur Umsetzung banale Fähigkeiten. Und: Große Anforderungen meistert man in vielen kleinen Schritten.

Die größte Hilfe, die ich hatte: Niemand stand neben mir und wies mich darauf hin, was ich alles falsch gemacht hatte oder was ich hätte besser machen können. Niemand bürdete mir zusätzliche Ängste oder Befürchtungen auf. Niemand nörgelte am Kind herum. Niemand machte vorzeitig schlapp und mußte mitgeschleppt werden – «Reg dich nicht auf, Udo, wir schaffen das schon.»

Ich schloß die Augen, und eine Kakophonie aus vertrauten, verhaßten Stimmen erscholl in meinem Hirn. Sie gehörten Exmännern, auch netten.

«Wieso kaufst du einen Staubsauger? Wenn in einer Woche der Container ankommt, haben wir zwei. Es wird doch wohl eine Woche lang ohne Staubsauger gehen! Du kannst nicht mit Geld umgehen!»

«Bist du verrückt, jetzt schwimmen zu gehen? Es sieht überall aus wie Sau. Glaubst du nicht, daß es Wichtigeres zu tun gibt, als zu baden? Prioritäten, sage ich nur, Prioritäten!»

«Du putzt und putzt und putzt. Das ist nicht normal. Du hast einen Putzfimmel. Du bist schlimmer als deine Mutter!»

«Ich hasse Sushi. Sushi ist kein Essen. Ich will Lasagne. Wo ist der nächste Italiener, und wo sind meine Socken? Du bist schlampig!»

«Die Miete ist viel zu teuer.»

«Der Fitness-Club ist viel zu teuer.»

«Wo sind meine Socken?»

Hinter einem Mann, der Großes plant, steht immer eine Frau. Hinter einer Frau, die Großes plant, steht hoffentlich kein Mann. Selbst ohne Partner ist es beschwerlich genug, ein Zuhause und einen Arbeitsplatz in einer neuen Welt zu bauen.

Wir. In vielen Fällen bedeutet das: Ich plus jemand, der mir das Leben schwermacht. So wie Annas toleranter, wirklich netter Mann, der darauf besteht, daß ausschließlich Ökoessen auf den Tisch kommt. Anna hat im Grunde nichts gegen gelegentliche Hamburger oder Tiefkühlpizza. Ihrem Mann zuliebe nimmt sie es jedoch in Kauf, allabendlich zu kochen und zweimal pro Woche mehrere Stunden damit zu verbringen, zu entlegenen Märkten zu fahren, um dort «bewußt» einzukaufen. «Na ja, es ist ja auch gut für meine Gesundheit», sagt sie und lächelt schief.

Oder die Frau, die seit Jahren darauf verzichtet, im Bett zu lesen, weil der Mann neben ihr bei Licht nicht einschlafen kann. Die Frau, die ihr Biologiestudium abgebrochen hat, um das gemeinsame Baby zu wickeln und zu stillen. Die Frau, die jedes Wochenende in zugigen Sporthallen verbringt, um ihrem Liebsten dabei zuzusehen, wie er schwitzend versucht, braune Bälle in Körbe zu werfen. Die Frau, die in einem Tirolerhäuschen aus Gips in Mecklenburg-Vorpommern lebt, gleich neben ihren Schwiegereltern und seiner Tante Bertha. Die Frau, die sich den Busen verdreifachen und den Hintern halbieren läßt. Frauen, die tun, was ihm gefällt. Warum? Aus Masochismus, Dummheit, Phlegma, Liebe, Solidarität, oder weil sie wirklich dasselbe wollen. Es gibt viele Gründe, warum Frauen das Leben ihrer Männer leben. Anna sagt etwa: «Es ist doch der Sinn einer Partnerschaft, daß man gemeinsam durchs Leben geht. Da müssen beide gelegentlich Wege beschreiten, die sie allein nicht unbedingt einschlagen würden.»

Damit nennt Anna einen wichtigen Grund, aus dem Single-Frauen keine Partnerschaft wollen: Sie gehen lieber ihren eigenen Weg. Sie halten es mit Rotkäppchen: «Ich komme lieber nicht vom Pfad ab, sonst gerate ich an einen bösen Wolf, der säuft meinen guten Wein aus, frißt meine Schokoladentorte und womöglich meine liebe Oma, und ich stehe dumm da, verloren, mit einem bunten Blumenstrauß im Arm.»

Ich war allein. Allein unter zehn Millionen New Yorkern.

Kein Blödmann an meiner Seite, der alles komplizierter machte, als es ohnehin war.

Mein eigener «Laden» läuft reibungsloser, seit ich nur noch mache, was mir gefällt, und nicht länger, was ihm *und* mir gefällt. «Er» bedeutet natürlich nicht «der Traummann», denn der wäre selbstverständlich eine große Hilfe. Ob transatlantischer Umzug oder die Entscheidung im Supermarkt zwischen Barillanudeln und Basmatireis – mit dem Traummann wäre jede gemeinsame Aktion die schiere Freude, logisch.

«Er» bedeutet vielmehr: der gemeine Mann mit seinen wundersamen Bedürfnissen – etwa immer recht zu haben oder im Grippefall liebevoll gepflegt zu werden. Der gemeine Mann mit seinen retardierten Verhaltensweisen – etwa anderen Frauen auf den Busen zu starren, während man an seiner Hand geht, oder stundenlange Monologe über seinen Job als stellvertretender Ressortleiter einer Reiterzeitschrift zu halten. Der gemeine Mann, der das Leben schwerer macht, als es naturgemäß ist. Wer braucht den?

Die ist doch nicht normal!

Warum glückliche Singles maßgeblich am Weltuntergang schuld sind und sich überhaupt schämen sollten.

Der ökologisch korrekte Mensch ist Vegetarier und spart Wasser, Energie, Kraftstoff, Geld, sogar Wohnraum. Er ist Mitglied einer Kleinfamilie, in der drei, maximal vier Menschen sich einen Kühlschrank, Herd und PVC-Fußboden teilen. Verglichen damit ist der typische Großstadt-Single eine menschliche Ölpest. Sogar übergewichtigen Eltern, die mit vier hünenhaften Kindern in einem Ytong-Bungalow wohnen, wo sie den ganzen Tag vor stromfressenden Monitoren hocken und darüber nachdenken, ob die Bank wohl den Kredit für einen Zweitwagen rausrückt, sind immer noch besser für die Umwelt als Alleinlebende.

Singles verschwenden Wohnfläche, weil sie sich mit ihrer Zwergsiamkatze in Villen einmieten, die ursprünglich für drei Großfamilien geplant wurden. Sie fahren aus reiner Angabe mit ihren antiken Sportwagen durch Städte und Naturschutzgebiete, verpesten die Luft und töten Igel und wandernde Kröten. Sie verschwenden Wasser, Strom, Gas, denn sie waschen jede Unterhose einzeln im Kochwaschgang. Ganz zu schweigen davon, daß sie dauernd in der Wanne liegen und dem Badewasser schwer abbaubare, ölige Substanzen beimischen, weil sie seelisch instabil sind und sich entspannen müssen.

Singles kaufen zehnfach verpacktes Fastfood, essen es nur halb auf und werfen die Reste weg. Natürlich trennen sie den Müll nicht, weil sie nicht den Umweltschutz, sondern nur zwei Fragen im Kopf haben: 1. Wie kann ich noch mehr Geld verdienen? Und 2. Was muß ich tun, um endlich den Menschen zu treffen, der meinem elenden Single-Dasein ein Ende bereitet? Weil sie die Antworten nicht finden, sind sie frustriert und befriedigen sich ersatzweise: Sie kaufen Nerzmäntel, Zweit-DVD-Player, Pazifikinseln, Hummer aus Maine und Kokain aus Bolivien – alles, was nicht niet- und nagelfest ist und lange Transportwege hinter sich hat. Ressourcenfrevel – dein Name ist Single!

Paare machen Liebe, während der Single herumhurt. Anständige Paare leisten sich Kinder, die später die Rentenkassen für sie auffüllen. Singles leisten sich einen Whirlpool oder eine Fettabsaugung, damit sie auch mit 75 noch 18jährige in ihr Lotterbett zerren können. Sie denken nicht an ihre Altersversorgung und setzen still voraus, daß anderer Leute Nachwuchs schon dafür aufkommt. Singles sind kinderfeindlich und nur dann tierlieb, wenn man die Viecher essen, mit ihnen angeben, auf sie wetten oder Mäntel aus ihnen machen kann. Singles sind wie Vampire: kaltblütig, unmoralisch und getrieben von finsteren Motiven. Kein Wunder, daß sie niemanden finden, der sie liebt.

Fast noch unbeliebter als der konsumsüchtige, misanthropische Luxus-Single ist der gemeine Sozialhilfe-Single. Diese Variante verschwendet zwar, weil sie arm ist, weniger Ressourcen und tötet weniger Kröten, denn sie fährt U-Bahn statt Ferrari. Notgedrungen ist sie auch weniger kinderfeindlich, weil sie selbst meistens welche hat. Sozialhilfe-Singles werden angefeindet, weil ihr Leben nicht so deprimierend zu sein scheint, wie es eigentlich sein müßte mit einem Einkommen unter 2000 Mark pro Monat. Man trifft die alleinerziehende Mutter vielmehr auf Mallorca, wo sie quietschvergnügt Surfunterricht nimmt, während das Töchterchen im «Mini Club» sich selbst und andere mit Fingerfarben vollschmiert.

Alleinerziehende, die nicht arbeiten, springen vor Schreck in das nächste Gebüsch, sobald sie in die Nähe eines Arbeitsamtes geraten. Statt einen Partner zu suchen, der ihnen Windeln, Alete, Bier und die Miete bezahlt, liegen sie verheirateten Steuerzahlern schwer auf der Tasche.

Singles, ob arm oder reich oder dazwischen, gelten vielen als Schmarotzer. Sie schaden der Umwelt und der Gesellschaft und besonders der Moral. Sie sollten sich was schämen. Und viele tun es auch: Feindseligkeiten und Vorurteile gegen Singles sind so verbreitet, daß häufig sogar die Singles selbst sie haben – wogegen natürlich nur ein langes heißes Bad oder eine Spritztour mit dem 200-PS-Flitzer aus mundgeblasenem Aluminium hilft. Ein Teufelskreis.

Warum sind Singles so unbeliebt? Weil sie im Schönheitssalon sitzen, während die gestreßte Ehefrau im Supermarkt noch schnell das Abendessen für die Familie zusammenkauft. Weil sie auf Parties blindlings an potentiellen Traumprinzen herumknutschen, während die verheirateten Freundinnen verspannt ihre Hände kneten und ihre Männer nicht aus den Augen lassen, denn deren alleinstehende Exfreundinnen sehen wesentlich besser aus als erwartet. Weil Singles Karriere machen, während die Gattin lediglich häßliche Babies bekommt. Weil Singles laut «ich» rufen, während Paare sich noch darüber zanken, ob sie «wir» oder «ich und du» sagen sollen. Singles und ihr lustbetontes Lotterleben in Saus und Braus sind Zielscheiben für Neid und Mißgunst.

«Du bist zu beneiden», seufzt die Freundin, die soeben ihre Karibikkreuzfahrt gecancelt hat, weil die verhaßte Schwiegermutter gestorben ist. Statt mit ausgebreiteten Armen an der Reling zu lehnen und von Leo DiCaprio zu träumen, muß sie ein Begräbnis organisieren und danach den Urlaub mit Mann und Kindern in Koltzenburg verbringen, um den nicht minder verhaßten Schwiegervater über den zweifelhaften Verlust hinwegzutrösten.

«Du hast es gut», ruft die Kollegin, die seit 15 Jahren mit Europas häßlichstem Langweiler mit Flugangst und Schweißfüßen verheiratet ist, weil einem ein Bote einen gigantischen Strauß roter Rosen ins Büro geliefert hat, dessen Absender ein weltberühmtes männliches Unterwäschemodel ist.

«Du hast leicht reden», sagt die Freundin, deren ewige Beziehungsklagen man mit den weisen Worten abwürgt: «Dann trenn dich doch.»

«Ich wollte, ich hätte dein Leben!» sagt die Kindergartenfreundin, die man vor 25 Jahren bei ihrer Hochzeit zuletzt gesehen hat. Nachdem sie mit roten Wangen die filmreife Single-Lebensgeschichte – ferne Länder, große Lieben, jede Menge Schotter, Stars und kein Ende in Sicht – in sich aufgesogen hat, schildert sie schüchtern ihr aufregendstes Erlebnis: Wie sie vor drei Jahren, als der Freund ihres Mannes einen Wintergarten ans Wohnzimmer gebaut hat, diesen fast geküßt hätte. Den fremden Mann. Fast.

Jedem Single, sofern er nicht depressiv und verarmt ist, schlägt gelegentlich unverhohlener Neid entgegen. Für Menschen, die in ihrer Beziehung unzufrieden sind – und wer ist das nicht hin und wieder? –, ist der Single mit seinem breiten Erfolgsgrinsen auf dem frisch gepeelten Gesicht ein rotes Tuch. Er weckt den Neid auf den heiteren Egotrip, auf den offensichtlichen Spaß, den er sich gönnt, auf den Erfolg, den er hat, auf den Mut und die Leidenschaft, die er ausstrahlt.

Allein und glücklich – diese Kombination kann nicht sein, der Schein muß trügen. Denn sonst würde das eigene Leben in Frage gestellt: Warum lebt man selbst in dieser anstrengenden und freudlosen Ehe, wo es doch offenbar so lustig ist ohne Partner? Ist man etwa ein Feigling? Ein unbewegliches Gewohnheitstier? Ganz falsch: Man ist gut. Zeigt Verantwortung. Ist erwachsen. Liebesfähig. Liebenswert. Normal. Der Single dagegen ist böse. Unverantwortlich. Kindisch. Egoistisch. Hassenswert. Unnormal.

Karin, Krankenschwester, 42, hat immer allein gelebt.

«Es hat sich einfach nicht für mich ergeben. Ich liebe meinen Beruf. Nach der Arbeit bin ich müde und möchte für mich sein. Ich fühle mich erfüllt und zufrieden, ich habe Freunde und Interessen. Mir fehlt nichts ohne Mann. Ich habe nicht den Eindruck, daß meine verheirateten Freundinnen glücklicher sind als ich. Unglücklicher? Sie leiden mehr an ihrer Beziehung und ich leide mehr an mir selbst. Ich schätze, unterm Strich steht dasselbe Ergebnis.»

Das Single-Leben ist für Karin weder Katastrophe noch Himmelreich. Es ist einfach so. Aber sogar diese uneuphorische Einschätzung ist ihren Kollegen zu positiv. Karin hat sich damit verdächtig gemacht.

«Als ich noch jünger war, gab es Kuppelversuche. Ich wurde einmal von einer Kollegin, die mir besonders sympathisch war, zum Essen eingeladen, zu ihr nach Hause. Dort waren auch ihr Mann und ihr lediger älterer Bruder. Als ich kein besonderes Interesse zeigte, ihre Schwägerin zu werden, war sie beleidigt und machte mir Vorwürfe. Ich hätte mir gar keine Mühe gegeben mit ihm, er sei so nett gewesen, ich hätte doch bemerken müssen, daß er an mir interessiert sei. Ich sei mir wohl zu gut für ihn? Ich fühlte mich wie als Kind, als ich zu Weihnachten immer Socken bekam und mich nicht recht darüber freuen konnte. Undankbar und im Unrecht. Ich entwickelte ihr gegenüber regelrecht Schuldgefühle. Sie blieb beleidigt, und unsere gegenseitige Sympathie verschwand. Wir arbeiten bis heute zusammen, recht reibungslos, aber kühl. Freundinnen sind wir jedenfalls nicht geworden.»

Karin ist Single und nicht verzweifelt bemüht, diesen Zustand zu beenden. Dahinter wittern die Kollegen ein dunkles Geheimnis, denn normal kann das schließlich nicht sein.

«Ich habe mich auch nie an diesen ‹Anhimmelgesprächen› beteiligt. Das Haar des neuen Narkosearztes, die Scheidung des alten Chirurgen – das hat mich einfach nicht interessiert. Ich bin nicht Krankenschwester geworden, um mir einen Arzt zu angeln. Schon gar nicht einen Arzt, mit dem ich arbeiten muß. Ich kann mir nicht vorstellen, eine romantische Beziehung zu meinem Chef zu haben. Ich glaube, meine Kolleginnen haben irgendwann angefangen zu denken, ich sei gar nicht an Männern interessiert. Da ich weder besonders häßlich war noch der Typ, der einen heimlichen Geliebten hat, kamen sie auf das Nächstliegende: Ich mußte eine Lesbe sein.»

Wie resolut sie auftritt. Und ihre Stimme – klingt sie nicht tiefer als üblich, fast wie bei einem Mann? Wie breitbeinig sie einen Fuß vor den anderen setzt – nicht die Spur eines femininen Hüftschwungs. Dazu der neue Haarschnitt: kurz und herb. Sie trägt nie Röcke und behält die flachen Schuhe selbst nach Feierabend an. Neulich hat man sie mit einer Frau im Kino gesehen. Die beiden haben die Köpfe zusammengesteckt und sich Arm in Arm einen Regenschirm geteilt. Und ist sie nicht besonders nett zu der Praktikantin, die mit dem kurzen Haar und den flachen Schuhen? Klarer Fall. Das muß es sein.

«Das Gerücht hält sich hartnäckig. Ich habe es vor etwa zwei Jahren zum erstenmal gehört, von einer Kollegin, mit der ich mich besonders gut verstehe. Wir redeten über Filme, und ich fragte sie schließlich, ob wir nicht zusammen ins Kino gehen sollten. Sie sagte etwas in der Art: Gern, solange es kein Rendezvous ist. Ich verstand erst nicht. Wie meinst du das? Du weißt schon … – das ging eine Weile so hin und her, bis sie mir schließlich erzählte, was man hier auf den Fluren munkelt. Ich habe gelacht und ihr versichert, daß es nicht stimmt. Damit war der Fall für mich erledigt. Ich glaube, für sie auch. Wir sind ins Kino gegangen und haben uns *Auf der Flucht* angesehen, wegen

Harrison Ford, für den wir beide schwärmen. Das ist übrigens ein Mann, der mir wirklich gut gefällt. Aber solche treffe ich nicht, und darunter, ich meine, unter ‹wirklich gut›, ist es doch die Mühe nicht wert. Mir ist es eigentlich egal, was meine Kolleginnen denken. Dann bin ich eben eine Lesbe. Solange es die Arbeit und die Atmosphäre nicht stört. Das tut es nicht. Ich fühle mich fast wohler als vorher, als ich noch als wählerische, arrogante Ziege galt, der keiner gut genug war.»

Warum interessiert Karin sich nicht für Männer?

«Wer sagt denn, daß man das muß? Ich habe nie viel über Männer und Sex nachgedacht, nicht einmal als Teenager. Verabredungen, Tanzstunden – ich habe mir nie etwas daraus gemacht. Ich bin lieber zu Hause geblieben und habe gelesen, gestrickt, ferngesehen. Ich stricke gern, immer noch. Ich reise gern. Wenn ich die Wahl zwischen einer Reisezeitschrift oder einer Frauenzeitschrift habe, dann ist der Fall für mich klar, selbst wenn mir die Tips entgehen, wie ich einen Traummann finden kann. Es gibt Heteros, Homos und Neutros wie mich, denen eine Partnerschaft und auch Sex relativ unwichtig sind. Ich liebe meine Geschwister, ich habe meine Eltern geliebt, ich liebe meine Freunde, ich war sogar zweimal in meinem Leben in einen Mann verliebt. Das war schön, aber so besonders schön nun auch wieder nicht, daß mein Leben darum kreisen müßte. Ich bin durchaus offen für eine Partnerschaft, theoretisch. Praktisch habe ich jedoch keine. Ich bin ebenso offen für eine Villa in der Karibik, theoretisch. Praktisch habe ich jedoch keine. Soll ich deshalb trübsinnig sein? Ich bin gesund, und ich habe vielen Menschen dabei geholfen, gesund zu werden. Ich habe alles, was ich brauche. Mir fehlt weder Mann noch Kind. Dann eher noch ein Kind, aber ich habe drei Neffen und Nichten, die ich mir jederzeit ausleihen kann. Glauben Sie's oder nicht: Ich bin zufrieden mit meinem ganz normalen Alltag, ganz allein.»

Noch vor 30 Jahren hätte Karin den Titel «Alte Jungfer» verliehen bekommen. Alte Jungfern waren wunderliche Frauen, denen ich als Kind nicht zu nahe kommen wollte. Vor allem wenn sie freundlich lächelten und mit Schokolade lockten, war Vorsicht geboten. Ich wußte, wie das endet: Sie stecken einen in einen Käfig, füttern einen fett und braten einen dann.

Als ich ein Kind war, unterschied man zwischen Witwen und Alten Jungfern, wobei «alt», nehme ich an, bereits mit Ende Zwanzig anfing. Im Gegensatz zu den Alten Jungfern galten Witwen als unverdächtig und ehrenhaft. Sie trugen einen Ehering und konnten auf Formularen unter der Rubrik «Geborene» einen vergessenen Namen eintragen, wie jede anständige und normale Frau. Viele Witwen hatten sogar Kinder oder Schwiegereltern, die zu Weihnachten anreisten. Im Schlafzimmer der Witwe prangte das Beweisfoto für ihren tadellosen Status: der Verstorbene, im allerbesten Licht. Zu Witwen mußte man besonders nett sein, denn sie hatten das Kostbarste verloren, das eine Frau verlieren konnte: den Ehestand. Ich wußte damals natürlich nur, daß Witwen mit einem Knicks begrüßt werden mußten und man Süßigkeiten von ihnen annehmen durfte.

Drei Häuser weiter wohnte eine Alte Jungfer. Morgens war sie Lehrerin, und ich dankte Gott, daß sie nicht meine war. Nachmittags, das wußte ich, verwandelte sie sich in eine Hexe. Sie rauchte öffentlich. Sie war uralt – heute würde ich «etwa 45 Jahre alt» sagen – und fuhr Auto, obwohl uralte Frauen niemals Auto fuhren. Sie saßen neben ihrem Mann oder Sohn oder der jungen Tochter. Selber fahren war vermutlich sogar polizeilich verboten, aber sie scherte sich nicht darum. Sie lächelte jedesmal, wenn sie mich und meine Freunde sah. Wir liefen jedesmal weg, denn sie war eindeutig unnormal – was damals für uns dasselbe war wie gefährlich.

Die Zeiten ändern sich langsam. Der Begriff «Alte Jungfer» ist verschwunden. Kleine Kinder rennen nicht mehr vor uns weg. Aber ihre Eltern ziehen immer noch über uns her. Beliebtes Ergebnis ihrer beliebten Diskussion darüber, warum der Single XY keinen Partner abbekommt und noch nicht einmal unter seinem Schicksal leidet: Single XY ist entweder neurotisch, oberflächlich oder beides, jedenfalls nicht normal und tendenziell gefährlich.

Eva ist mit einem überraschend netten Mann verheiratet: Georg ist Anfang Vierzig und Kameramann. Ich habe das Paar über meine Freundin Pia kennengelernt. Eva ist eine eingebildete Langweilerin, hauptberuflich Mutter, viel mehr gibt es über sie nicht zu sagen – vielleicht noch, daß sie aussieht wie Gerhard Schröder. Pia behauptet, Georg habe Eva im Suff geheiratet, und dann war sie plötzlich schwanger. Inzwischen ist das Kind viel zu süß, um es mit dieser schrecklichen Mutter allein zu lassen. Ich behaupte, Pia, Journalistin, 38 – schwerer Fall von Dauer-Single –, hat ein Verhältnis mit Georg. Falls ich mich irre, rate ich ihr hiermit nochmals dringend, eins anzufangen, schon um Eva zu quälen. Auch Singles sind neidisch, zum Beispiel auf häßliche, blöde Frauen, die einen netten Mann haben.

Eva ist der festen Überzeugung, daß Singles sich immer durchsichtige Blusen anziehen, um verheirateten Frauen die Männer wegzunehmen. Ein verbreitetes Vorurteil, über das glücklich liierte Frauen und Frauen mit häßlichen, uninteressanten Männern nur müde lächeln. Eva gehört jedoch in eine andere Gruppe: Der Schöne und das Biest. Diesen Frauen sei gesagt: So ist es. Kaum seht ihr euch um, weg sind eure Männer! Horden von abenteuerlustigen, sexuell und emotional ausgehungerten Singles haben nichts Besseres zu tun, als sich auf sie zu stürzen und sie zu verführen. Das entspricht zwar nicht der Wirklichkeit, aber die Vorstellung ist hübsch. Und Folter für Eva.

Eva hält Pia und mich zweifellos für böse Hexen, die ihren Gatten mit ihrem faulen Zauber oder billigem Sex an sich fesseln wollen. Eva ist bereits zu Ohren gekommen, daß Pia in Drehpausen nichts anderes zu tun hat, als hemmungslos mit Georg über alles und nichts zu lachen. Und ich habe auf der einzigen Party, auf der wir jemals gemeinsam zu Gast waren, eine Stunde lang mit Georg Bauchtanz geübt und daher mehrfach beide Hände auf seine Hüften gelegt. Eva war kurz davor, die Duellpistole aus ihrem Rucksack zu kramen. Urplötzlich jedoch stolperte sie auf einen blonden Mann mit Kopftuch zu, der, abgesehen vom Kopftuch, ganz gut aussah. Die beiden begannen eine Unterhaltung. Eva quietschte regelmäßig und betont laut auf.

Einige Tage danach erzählte Georg, seine Frau habe nach der Party versucht, ihm den Umgang mit uns auszureden. Denn ihrer Meinung nach seien wir Schlampen, die sich peinlich aufführten. Und wie verantwortungslos in Zeiten von Aids! Frauen wie wir zerstörten Ehen, unser Verhalten sei einfach ekelhaft, und daß er sich dazu hingezogen fühle, sei schlimm genug. Kein Wunder, daß wir keinen Mann finden, sondern uns von Affäre zu Affäre hangeln müssen! Welch armseliges Leben.

Während Georg seine Frau verpetzte, sah er besorgt aus: Er mag Pia und hält uns beide nicht für Hexen. Er glaubt jedoch wie Eva, daß offenherziges, lustbetontes und unernsthaftes Verhalten nicht unbedingt der beste Weg in eine Partnerschaft und außerdem moralisch fragwürdig ist.

Eva und Georgs «Schlampenaspekt» nagte länger an Pia und mir, als uns lieb war.

Glückliche Singles haben ein glückliches Berufs-, Sozial- und Sexleben. Schlampe zielt auf das letztere. Sind wir so unmoralisch, daß wir nicht einmal mehr merken, wann wir die Grenzen von Scham und Anstand überschreiten? Pia glaubt das nicht.

«Ich glaube, Frauen, die allein leben, lernen, offener zu

sein. Wir haben die Wahl, allein in der Ecke zu stehen oder auf Leute zuzugehen, die wir gut finden. Wir können uns nicht mit unserem Partner ein Sofa teilen und uns selbst genügen – oder wenigstens so tun als ob. Also entscheiden wir uns für die Offensive, was damit endet, daß wir lachend und tanzend offensichtlich Spaß haben, oft mit den einzigen netten Männern im Raum. Das fuchst natürlich alle, die auf einem Sofa sitzen und dasselbe Händchen halten, das sie seit elf Jahren gelangweilt halten. Sie sind neidisch darauf, daß wir Abwechslung haben und Aufregung und Neues kennenlernen, uns womöglich sogar verlieben, während sie angeödet am Alten kleben.»

Knutschen mit einem netten Mann macht einfach Spaß, mehr, als sich zu betrinken oder zu tanzen. Wir leben allein, wir «betrügen» keinen, wir haben nicht die große Liebe im Herzen, die uns automatisch die Lust darauf nimmt, über attraktive, nette Männer herzufallen – unverbindliches Knutschen ist das normalste Single-Partyverhalten der Welt. «Und jetzt stell dir vor, du lebst in einer öden Beziehung», sagt Pia, «vor der Party hast du dich mit ihm gestritten, weil er so lange im Bad war. Du weißt, welche Unterhose er anhat, weil du sie ihm aus dem Schrank geholt hast. Auf der Party entdeckst du dann diesen aufregenden Typen, der allein in einer Ecke steht. Dein Mann klebt jedoch an deiner Seite, und du weißt, ein Schritt auf den Typen zu würde umgehend von ihm mit einer siebentägigen Schweigefolter plus Sexentzug bestraft werden. Da fliegt, aus dem Nichts, dieses aufgebrezelte Miststück auf den Schönen zu, kennt ihn offenbar nicht, aber die beiden reden und reden, und eine Stunde später liegen sie auf dem Sofa und knutschen. Du selbst stehst inzwischen in einer Gruppe, mit der Gastgeberin und ihrem Mann, einem Lehrerehepaar aus Biberach und deinem Mann, und redest über den Euro. Auch schön. Aber natürlich zerfrißt dich der Neid, und du weißt genau: Diese Frau ist eine

Schlampe. Dann nimmst du die Hand deines Mannes und beißt ihn ins Ohrläppchen. Er beißt zurück. Warum? Aha: Er hat ein schlechtes Gewissen, weil auch er die Knutschszene heimlich beobachtet. Ist er etwa auch neidisch? Würde er etwa lieber mit dieser Schlampe – der Gedanke ist zu ungeheuerlich, um zu Ende gedacht zu werden. Aber du kennst deinen Mann seit der Sandkiste und beschließt, nach der Party auf keinen Fall mit ihm zu schlafen, Strafe muß sein. Es wäre sowieso langweilig, denn er ist angetrunken, du weißt, was dann passiert: wenig. Aber du bist stolz auf dich. Du bist moralisch einwandfrei. Eine gute, normale Frau und wirklich froh, daß du kein böser, verrückter Single bist, der so etwas nötig hat. Da: Sie steht vom Sofa auf. Stellt sich zu deiner Gruppe. Schamlos der kurze Rock und die durchsichtige Bluse. Sie zwängt sich zwischen die Gastgeberin und deinen Mann. Legt den Arm um beide. Dein Mann entwindet sich nicht entrüstet, wie du von ihm erwarten könntest, im Gegenteil: Er lächelt sie an. Diese Hexe, denkst du und kannst kaum noch atmen vor unterdrückter Wut ... Kein Sex diese Nacht, das steht endgültig fest. Wenn du willst, daß verheiratete Frauen dich mögen, sei ein Mauerblümchen. Bist du kein Mauerblümchen, kommst du zusammen mit einem Stapel unsortierter Vorurteile ins Schlampenfach.»

Verheiratete Männer dagegen lieben Singles. Wir sind die idealen potentiellen Geliebten. Natürlich sollten wir auf keinen Fall den Fehler machen, beruflich erfolgreicher zu sein und einen größeren Wagen zu fahren. Karriere ist ihr Revier. Wenn wir ihnen da in die Quere kommen, hört der Spaß auf. Die Frau Chefin, kommt als erste, geht als letzte, kein Wunder, daß sie keinen Mann hat, denn die ist doch mit ihrer Arbeit verheiratet. Das ist nicht als Kompliment gemeint, sondern als Diagnose einer ernsthaften psychischen Störung: Sie ist arbeitssüchtig, hat emotionale Defizite, hat ihre verkorkste Kindheit nicht aufgearbeitet und traktiert jetzt ihre Mitmenschen mit ihrem neurotischen Überehrgeiz. Wie hat sie sich überhaupt hochgearbeitet: Natürlich! Sie hat rücksichtslos und egoistisch ihre Ellbogen eingesetzt, Scheuklappen aufgesetzt und verbissen und verbiestert gearbeitet, gearbeitet, gearbeitet. Und was hat sie jetzt davon? Kein Leben. Die Frau ist durchgeknallt, nicht normal!

An Erdbeertortentagen perlen solche Feindseligkeiten ab, ohne den geringsten Eindruck zu hinterlassen. An allen übrigen geben sie einem den Rest. Wenn man abends um zehn im Büro mutterseelenallein mit dem Brummen des Monitors über Strategien zur Steigerung des Firmenumsatzes brütet und sich vorstellt, wie die Kollegen währenddessen mit ihren Partnern gemütlich vor der Seifenoper sitzen oder Sex haben, fühlt man sich vergessen, verlassen, einsam und hat Angst davor, in die Wohnung zurückzukehren, wo das Frühstücksgeschirr noch auf dem Tisch steht und die Stille über einen herfällt wie ein hungriger Tiger. Selbst die neue Blondie-CD kann sie nicht vertreiben. Mit blutender Seele wälzt man sich auf dem Designersofa, bereit, den nächsten Mann, der einem über den Weg läuft, zu heiraten.

Schlechter kann es einem eigentlich nicht gehen, aber dann kommt es doch noch schlimmer: Die biologische Uhr beginnt zu ticken. Oder man erinnert sich an Bernd, den einzigen Mann, den man wirklich geliebt hat und der einen so heimtückisch verlassen hat vor 16 Jahren. Oder man bemerkt, daß das Portemonnaie weg ist. Das Heulen und Nägelbeißen erreicht durch das zusätzliche Mißgeschick einen neuen Höhepunkt, und aus dem Tränenschleier tritt es hervor: ein aschfahles Bild der Zukunft, ohne Enkel, gelähmt und ungeliebt in einem drittklassigen Pflegeheim, einem lustlosen Heer von Pflegerinnen ausgeliefert. Beneidenswert? Die «Schlampe» klingt einem im Ohr, die «Lesbe», die «karrieregeile Tante ohne Leben» – die Verzweiflung ist tief wie der Andreasgraben und echt wie die Mona Lisa im Louvre.

Jetzt hilft nur noch, je nach Temperament, ein langes heißes Bad oder eine Spritztour mit dem neuen Alu-Flitzer durch das regennasse Naturschutzgebiet: Na wartet, ihr Kröten!

Superwoman – Macht Alleinleben stark?

Warum es einfacher ist, allein zu leben.
Außer für weinerliche, verarmte, langweilige Nieten.

Ihre rotlackierten Nägel krallen sich ins Gestein. Die zarten Füße suchen Halt, aber der Felsvorsprung ist zu schmal. Losgetretene Steine kollern in den Abgrund. Sie schließt ergeben die Augen und flüstert: «Ich kann nicht mehr!» Sie gibt auf. Die Kräfte haben sie verlassen. Sie wird gleich abstürzen. Wo sind die Salzbrezeln? Wo bleibt der Retter? Da: In letzter Sekunde schnellt seine behaarte Pranke ins Bild, umklammert ihr filigranes Handgelenk und hievt die Abstürzende ebenso kraft- wie liebevoll aus der Gefahr.

Gott sei Dank ist wenigstens im Film die Welt in Ordnung: Frauen wird von starken Männern aus der Patsche geholfen. In Wirklichkeit herrscht völliges Chaos: Scharen von «Fräulein in Not» stolpern allein über Klippen und Schlünde und ziehen sich selbst an den Haaren aus dem Schlamassel. Aber was will man machen, so ist das moderne Leben: Männer lassen Frauen einfach hängen.

Anita, 34, Architektin und Inhaberin von zwei Reformhäusern, Mutter einer siebenjährigen Tochter und eines fünfjährigen Sohnes, lebt seit drei Jahren allein. Zwei Berufe, zwei Kinder, kein Mann – das klingt nach Megachaos. Doch Anita ist die einzige in meinem Bekanntenkreis, die immer polierte Schuhe trägt und ein passendes Einstecktuch im tadellos sitzenden Jackett. Anita verkörpert Ordnung und Selbstdisziplin. Selbst Ende Januar sind ihre Beine frisch enthaart, die Füße weich und die Zehennägel professionell beschnitten und lackiert. Anita mit der stets ausgeruhten Stimme und dem freundlichen Lächeln ist unser aller Vorbild. Sie verstrickt sich niemals wie wir anderen in ihrem Alltag und muß sich mühsam wieder freistrampeln. Falls ausnahmsweise doch, sieht sie dabei jedenfalls wie aus dem Ei gepellt aus. Ihr Geheimnis?

«Mein Leben hat eine feste Struktur, einen genauen Stundenplan, von dem ich möglichst nicht abweiche. Ich stehe rechtzeitig auf, um mich so zurechtzumachen, wie ich mich wohl fühle: geschminkt und gut gekleidet mit frisch geföntem Haar. Wenn ich äußerlich in Ordnung bin, fühle ich mich auch innerlich in Ordnung. Ich fahre die Kinder zu ihren Schulen, schließe die beiden Läden auf und mache mich danach auf den Weg ins Büro. In der Mittagspause erledige ich Einkäufe oder gehe zum Friseur. Abends um acht fahre ich wieder nach Hause und bringe die Kinder ins Bett, mit Gutenachtgeschichte. Montags und donnerstags gehe ich danach ins Fitness-Center, dienstags und mittwochs ist Lese- oder Arbeitsabend, Freitag abends holt der Vater die Kinder ab, und ich habe das gesamte Wochenende für mich. Solange alles nach Plan läuft, ist mein Leben nicht besonders anstrengend.»

Anita bezahlt eine ganze Schar von Leuten, die ihr dieses Leben ermöglichen: zwei Geschäftsführer, mehrere Verkäufer, eine Kinderfrau für den Tag, einen Babysitter für die Abende, eine Putzfrau, die täglich kommt und bügelt, einkauft und kocht.

«Ich verbringe meine Zeit mit den Dingen, die ich am besten kann: verkaufen und Häuser entwerfen. Das Geld, das ich damit verdiene, gebe ich dafür aus, daß ich die Arbeiten, die ich weder gern noch gut mache, von anderen erledigen lasse. Delegieren heißt der Trick. Abgesehen davon verdiene ich mehr, wenn ich ein Haus umbaue, als wenn ich Nudeln für die Kinder brate. Mein Lebensstil macht also auch finanziell gesehen unser Leben einfacher.»

Und was, wenn der Geschäftsführer krank wird, der Babysitter nicht auftaucht und einem um keinen Preis der Welt ein Grundriß einfällt, der dem Kunden gefallen könnte?

«Probleme muß man lösen, nicht fürchten! Ist der Geschäftsführer krank, stelle ich mich eben selbst in den Laden und nehme einen Tag frei im Büro. Kommt der Babysitter nicht, frage ich einen Ersatzbabysitter oder den Vater, der ein netter Kerl ist. Kommt der auch nicht, bleibe ich eben mal zu Hause und hopse zu Jane Fonda vor dem Fernseher herum. Und warum sollte ich mich davor fürchten, als Architektin zu versagen? Ich habe ein ausgezeichnetes Diplom. Ich verstehe mein Handwerk. Ich kann mir nicht vorstellen, daß mein Alltag und mein Leben völlig zusammenbrechen. Ich habe Netze gespannt. Bis jetzt haben sie gehalten.»

Ist ihr noch nie in einem undenkbaren Moment das Auto stehengeblieben, die Waschmaschine ausgelaufen – ist Anita noch nie von banalen Ereignissen aus der Bahn geworfen worden?

«Würde den Kindern etwas geschehen oder meinen Freunden oder Geschwistern, würden beide Läden gleichzeitig abbrennen und das Büro pleite machen – das sind die Größenordnungen, die mich aus der Bahn werfen könnten. Ich hatte Autopannen und habe im Regen auf den Abschleppdienst gewartet. Ich hatte den überfüllten Küchenschrank, der eines Nachts samt Dübeln von der Wand fiel. Beides zähle ich nicht zu den schönsten Erlebnissen. Allerdings treiben sie mich nicht in die Verzweiflung. Ich ließ den Küchenschrank liegen und rief am nächsten Tag Handwerker an, die den Schaden in Ordnung brachten. Ich bin nicht für alles zuständig. Ich muß nicht alles alleine machen, nur weil ich allein lebe. Ich kann Leute dafür bezahlen, mir zu helfen. Ich kann Leute bitten, mir zu helfen. Und vor beidem schrecke ich nicht zurück.»

Hat das Alleinleben sie so stark gemacht?

«Nein. Ich war auch während der Ehe pragmatisch, diszipliniert und eine leidenschaftliche Optimistin, deren Motto lautet: Wer das Gute denkt, dem geschieht Gutes. Mein Mann sah mich allerdings als kalte, harte und unmütterliche Person, die ihm weniger und weniger liebenswert erschien. Er mochte nicht, daß ich nicht in der Mutterrolle aufging. Er hat es nie ausgesprochen, aber er hat erwartet, daß ich als Mutter meinen Beruf weniger wichtig nehmen würde. Für ihn war ich eine schlechte Mutter. Er lebt jetzt mit einer Frau zusammen, deren Beruf es ist, ihn zu bekochen und seine Hemden zu bügeln. Sie versorgt die drei Hunde und am Wochenende meine beiden Kinder. Damit und mit ihrer Schönheitspflege ist sie voll ausgelastet. Männer lieben das ‹schwache Geschlecht›, deshalb werde ich wohl auch allein alt werden.»

Anita seufzt wehmütig. Sie, die unter uns Singles am glücklichsten und erfolgreichsten aussieht in ihren frisch gereinigten Schneiderkostümen, hätte sie etwa lieber ihren Mann zurück?

«Ich mag meinen Exmann immer noch sehr gern. Er ist vor allem ein großartiger Vater, sogar ein guter Freund. Ich kann nur nicht mit ihm leben. Er braucht eine hegende, pflegende Frau, und das bin ich nicht. Es gibt Momente, in denen ich denke: leider nicht. Aber ich kann meine Natur nicht einfach ändern, auch nicht einem anderen Menschen zuliebe. Ich lebe gern und gut allein. Besser als während meiner Ehe, denn ich brauche nicht mehr gegen jemanden zu kämpfen und kann die Kraft, die ich dadurch spare, für produktive Dinge einsetzen.»

Anita, die Glückliche, ist demnach auf der Suche.

«Würde ich einen Mann treffen, der mich schätzt, statt mich zu kritisieren, der mir vorauseilt, statt hinterherzuhecheln und sich über mein Tempo zu beklagen, der gut aussieht, Humor hat, meine Kinder liebt und keine eigenen möchte, der mich liebt und ich ihn – ich würde mein Single-Dasein mit wehenden Fahnen aufgeben. Aber darunter auf keinen Fall. Sagen wir so: Ich halte die Augen offen, aber ich suche nicht verzweifelt. Bis jetzt war weit und breit niemand Geeignetes in Sicht.»

Warum würde Anita ihr Single-Dasein für den idealen Mann aufgeben? Wäre ein Leben zu zweit einfacher?

«Ich glaube nicht, daß der Sinn einer Partnerschaft darin besteht, das Leben einfacher zu machen. Der finanzielle Druck, die Verantwortung für die Kinder, die Alltagspflichten – theoretisch könnte man diese Aspekte des Alltags halbieren. Aber macht es das Leben praktisch leichter? Meiner Meinung nach nicht. Das geteilte Leid ist eine Milchmädchenrechnung. Das Aufteilen der Pflichten schafft nichts als Abhängigkeiten, Unsicherheiten – zusätzliche Reibungsflächen, an denen sich Konflikte entzünden, die man mit sich selbst natürlich nicht austragen muß. Und schon ist das Leben zu zweit wieder schwerer als das Leben allein. Ich glaube, daß das Leben, egal ob mit oder ohne Partner, immer so schwer ist, wie man es selbst nimmt. Ich erwarte von einer Partnerschaft nicht, daß ich öfter die Beine hochlegen und in den Fernseher starren kann als jetzt. Ich will, daß ein Mann mein Leben komplexer macht. Die Gefahr, die ich für mich als Single sehe, ist die, daß ich erstarre. Mein Leben funktioniert so gut – alles könnte so bleiben, wie es jetzt ist, bis ich meinen 80. Geburtstag feiere. Meine Hoffnungen, Wünsche, Ängste – ich allein bestimme, welche ich zulasse und welche ich bekämpfe. Ich bastele mir meine Persönlichkeit und meine Seele ganz alleine. Das erschreckt mich. Ich wünsche mir einen Spiegel, der mich Möglichkeiten erkennen läßt, die ich selbst übersehe. Der mir häßliche Stellen zeigt, die mir selbst verborgen sind. Ich wünsche mir einen Mann, der mich genügend liebt und kennt, um mich zu beeinflussen und zu verändern – zum Guten. Ein Leben zu zweit, mit dem Richtigen, wäre für mich darum schwieriger als mein Leben allein, denn ich ändere mich nicht gern und auf keinen Fall ohne Widerstand. Und zwar in keine Richtung, nicht einmal in eine gute. Ich glaube jedoch fest daran, daß eine funktionierende Beziehung mir helfen würde, ein besserer Mensch zu werden, als ich allein je werden kann. Das würde die Anstrengung lohnen.»

Anita findet das Leben zu zweit emotional schwieriger, aber lohnender als das Leben allein. Ihrer Meinung nach geht sie den einfachen Weg.

«Und plötzlich ist man 50, hält kurz inne und stirbt an Selbstekel den vorzeitigen Infarkttod: Nicht nur, daß man sich selbst kaum kennt, das wenige, das man kennt, kann man noch nicht einmal leiden.»

Anita weiß, wie sie die Gefahr zu verschrullen auch allein vermeidet. Doch das kostet im Vergleich zu einer Partnerschaft einen Kraftakt.

«Ich pflege enge Freundschaften. Wenn mir die Freundin eine unliebsame Wahrheit ins Gesicht sagt, unterdrücke ich den Reflex, sie einfach zu überhören. Ich denke statt dessen wirklich über die Kritik nach, vor allem wenn sie mir nicht gefällt. Ich glaube, Freundschaften zu pflegen ist für Singles der einzige Weg, nicht egozentrisch und asozial zu werden.»

Ute stimmt ihr zu:

«Das Single-Leben ist in gewisser Weise verdammt gefährlich. Es ist so einfach, vor sich selbst wegzulaufen, wenn man allein lebt. Plötzlich ist man eine sinnlose Hülle, dekoriert mit Designermode, Diplomen oder Teilnahmezertifikaten verschiedener Triathlonwettbewerbe in aller Welt. Das Schwierige am Single-Leben ist nicht das Geldverdienen, das Einkaufen, Kindererziehen oder die 60-Stunden-Wochenenden, die man allein bewältigen muß. Die Glühbirnen, die man allein auswechselt, der Mietvertrag, den man allein unterzeichnet, der Hund, den man allein zum Einschläfern trägt – das alles ist bloß Alltagskram. Den kann jeder bewältigen, der es muß, nicht nur Singles. Es ist albern, wenn verheiratete Frauen einen bewundern, weil man nicht verhungert und das Auto allein zum TÜV bringt. Das Schwierige am Single-Leben ist die tägliche Anstrengung, seelisch nicht auf der Strecke zu bleiben. Ein selbstherrliches Arschloch zu werden oder ein verschrobener Sonderling oder ein oberflächlicher Hohlkopf oder ein eitler Egoist oder ein drogensüchtiges Wrack. Es geht so schnell, wenn niemand da ist, der einen bremst, wenn man in die falsche Richtung abfährt: Macht, Sex, Drogen können verlockend erscheinen. Singles müssen die Disziplin aufbringen, die seelisch regulierende Wirkung einer Partnerschaft durch Freundschaften und Selbstkritik zu ersetzen. Das ist das Anstrengende und Heldenhafte. Daß mir das gelingt, darauf bin ich stolz. Nicht darauf, daß ich weiß, was in meiner Lebensversicherungspolice steht.»

Vanessa nennt eine weitere innere Anstrengung, die sie als Single leisten muß – im Gegensatz zu einer Frau, die glücklich mit ihrem Partner lebt:

«Ich bin nicht der wichtigste Mensch im Leben eines anderen Menschen. Ich muß andere Gründe finden, aus denen ich besonders liebenswert bin. Wäre ich religiös, könnte ich sagen, daß Gott mich liebt und mein Grund ist. Da ich das nicht bin, halte ich mich fest an meinen Freunden, Erfolgen im Job, Liebeleien. Meistens reicht das aus als Bestätigung. Wenn nicht, falle ich wirklich in ein depressives Loch. Ich fühle mich nutzlos, ungeliebt und minderwertig. Diese Abstürze sind für mich das Schwierige am Singe-Leben. Wenn man auf dem Sofa liegt und an die Decke starrt und das Telefon nicht klingelt und man nicht die Kraft hat, von sich aus jemanden anzurufen. Wer mit jemandem zusammenlebt, weiß, um sechs wird sich der Schlüssel im Schloß drehen, dann kommt jemand, der einen in den Arm nimmt, der mit einem redet oder einfach nur da ist und einem das Gefühl nimmt, der einzige Mensch im Universum zu sein: winzig, unnütz und vergessen. Klar kommt man auch immer wieder selbst aus solchen Stimmungen heraus – schließlich ist man Superwoman, oder?»

Einsiedler und Philosophen von Schopenhauer bis Sartre sind der Meinung: Je einsamer, desto freier, desto besser für das Individuum. Demnach ist der Single auf einem vielversprechenden Weg. Aber nur, wenn es ihm gelingt, die Schattenseiten des Alleinseins zu bewältigen, kann er womöglich gar erleuchtet werden und von innen strahlen wie neuerdings Madonna.

Wie, außer mit Freunden, Yoga oder Psychotherapie, bekämpfen Singles emotionale Krisen oder die ersten Symptome aufkommender Schrullen? Anitas Rezept beruht auf Prophylaxe.

«Ich kenne meinen Krisenrhythmus. Wenn ich merke, daß ich Fehler mache, die mir normalerweise nicht passieren, wenn die Kinder mich besonders nerven oder meine Haut trocken wird, spannt und sich rötet, weiß ich: Das ist der Anfang. Wenn ich jetzt nicht handle, werde ich mich bald klein und einsam, überfordert und unattraktiv finden. Ich werde mindestens zwei Tage lang depressiv verstimmt sein, also nur zu 20 Prozent belastbar. Da das für meinen Alltag nicht ausreicht, darf es nicht soweit kommen. Als erstes nehme ich mir also frei, buche Termine bei der Kosmetikerin oder Masseurin, kaufe mir was Schönes zum Anziehen, plane den nächsten Urlaub. Ablenkungsmanöver zur Steigerung des allgemeinen Wohlbefindens. Dann treffe ich mich mit meiner Freundin. Ich heule ihr die Ohren voll über die Dreifachbelastung, das schlechte Gewissen der Mutter, die ihre Karriere liebt, die neue Freundin des Exmannes, den Flirt mit dem Kollegen, der nicht recht etwas zu werden scheint und – da ist sie – über die Autopanne, die mir den Rest gegeben hat. Meine Freundin findet die richtigen Worte. Tröstlich, aber im rechten Moment schroff: ‹Sei nicht albern. Du hast zwei Kinder ohne Narkose auf die Welt gebracht – und jetzt behauptest du, daß eine Autopanne dich umbringt?› Wir reden so lange, bis mir wieder klar ist, wie gut mein Leben ist und wie glücklich ich sein kann mit zwei gesunden Kindern, einem netten Exmann und genug Geld, das ich gern verdiene.» Anitas letzte Krise liegt eine Weile zurück.

«Es hatte mich kalt erwischt, als die Kinder vom Wochenende bei ihrem Vater zurückkamen, beladen mit Geschenken und fröhlich wie aus einem Werbespot. Ich hatte das ganze Wochenende gearbeitet und fühlte mich angespannt und reizbar. Ich geriet mit meiner Tochter aneinander, weil sie ihren Bruder triezte. Sie schrie mich an: ‹Kein Wunder, daß Papa dich nicht mag. Seine neue Freundin ist viel, viel netter als du.› Ich behielt meine Fassung, bis die Kinder im Bett waren. Dann brach ich filmreif zusammen. Er hatte also eine neue Freundin. Wen sollte ich zuerst umbringen: ihn, sie, mich, alle? Während ich heulte und abwechselnd blutrünstige Horrorfilme und Pornos in meinem Kopf abspulte und mir überlegte, woher ich um diese Uhrzeit eine Kiste Schnaps bekommen könnte, fiel mir ein, daß ich am folgenden Tag wichtige Besprechungen hatte und mit roten, verquollenen Augen und Fahne kaum einen guten Eindruck hinterlassen würde. Ich rief also meine Freundin an. Die half mir, die heiße Verzweiflung in kalte Rache umzuwandeln. Drei, vier Stunden lang entwickelten wir Strategien zur Vernichtung meines Exmannes samt seiner neuen Freundin. Danach, als er mehrfach kastriert, ruiniert und öffentlich gedemütigt war, war ich erschöpft genug, um einschlafen zu können. Die Rachepläne habe ich natürlich nie verwirklicht, und nach drei, vier Tagen versiegten die letzten Tränen. Ich hatte mich damit abgefunden, daß er eine Neue hat. Sein Leben ging weiter und meines auch.»

Superfrauen, die jede Krise meistern, meint Anita, sind nur so gut wie ihre besten Freundinnen. Ute dagegen findet lieber bei sich selbst Trost, wenn sie nicht mehr weiterweiß. Sie genießt ihr Leid in vollen Zügen und denkt gar nicht daran, es zu teilen.

«Ich mag dunkle Momente, wenn sie nicht völlig rabenschwarz und endlos erscheinen. Ich glaube, daß nur Idioten immer glücklich sind. Intelligente Menschen haben gelegentlich depressive Verstimmungen. Sei es kurz vor der Periode, zu Weihnachten oder am 11. Oktober, weil an diesem Datum vor zehn Jahren der Hund gestorben ist. Es ist normal, gelegentlich am eigenen Los oder am Lauf der Welt zu verzweifeln. Wenn ich also an einem sonnigen Samstagmorgen vor dem Badezimmerspiegel stehe, mein Gesicht studiere und dabei in Tränen ausbreche, halte ich das nicht unbedingt für einen Zustand, den ich so schnell wie möglich beenden muß. Ich stelle mich unter die Dusche und weine mit ihr um die Wette. Dann frage ich mich: Warum? Ich hungere vor mich hin, weil ich keine Antwort und keine Kraft finde, Kaffee und Brötchen auf den Tisch zu stellen. Dann starre ich an die Decke oder in den Fernseher und wünsche mir, ich könnte Gedichte schreiben, die mit ‹Oh› oder ‹Ach› anfangen. Klagelieder über mein armseliges Leben, meine traurige Existenz, meine Wunden und Narben und die bitteren Pillen, die das Leben mir ständig verordnet – und die mich dennoch nicht heilen. Ich bin dann so schlecht drauf, daß ich kaum atmen kann. Wollmäuse in der Zimmerecke sehe ich als Vorboten meiner unbeweinten Verwesung. Das Klingeln des Telefons – die Antwortmaschine ist natürlich ausgeschaltet – steht für die Posaunen des Jüngsten Gerichts. Dort werde ich – einmal katholisch, immer katholisch – natürlich zur ewigen Hölle verdammt. Ich erinnere mich an all meine Schandtaten und weiß, daß ich mein Leid verdient habe. Ich leide und leide, und ich muß sagen, ich genieße die Intensität des Gefühls. Das tiefe

Leid verschafft mir Grenzerfahrungen, die man üblicherweise teuer und illegal erwerben muß. Der Depri-Rausch dauert allerdings nie länger als einen Tag. Danach fühle ich mich gestärkt und erfrischt. Ich finde es nicht tragisch, mich am Boden zerstört zu fühlen, schwach und klein. Ich sehe das als notwendige Gefühlslage: ohne Dunkel kein Licht. Als ich noch verheiratet war, mußte ich mich zusammenreißen. Mein Mann hätte mich sonst sofort in die Klapsmühle gesteckt. Oder mich wenigstens wüst als Psychofreak beschimpft.»

Vanessa haßt es, sich schlecht zu fühlen, und stürzt sich bei Stimmungstiefs umgehend ins Vergnügen.

«Ich nehme ein heißes Bad, mache mich schön und gehe aus. Ich treffe mich mit Freundinnen auf einen Drink, wir albern herum, flirten, und wenn ich ein konkretes Problem habe, dann reden wir auch darüber. Meistens bin ich jedoch grundlos verstimmt. Mir ist dann einfach alles zuviel. Ich kann die Tapete an der Wand nicht mehr sehen, die Vorstellung, daß ich noch gut 35 Jahre arbeiten gehen muß, nicht ertragen. Mich stört, daß ich die ersten Falten bekomme, daß ich keine Affäre habe oder daß ich eine habe, daß es regnet oder zu warm ist – alles nervt mich, mein ganzes Leben ist eine einzige Zumutung. Darüber, daß mich ‹alles› nervt, kann ich ja schlecht reden. Das ist so weit hergeholt, daß es mir peinlich wäre, auch nur ein Wort darüber zu verlieren. In Wirklichkeit ist mein Leben prima, ich kann mich nicht beklagen! Also halte ich den Mund und lenke mich lieber ab. Ich halte nichts davon, mir selbst auf den Grund gehen zu wollen. Wer weiß, was ich da finde. Ich bleibe lieber an der Oberfläche, wo ich mich auskenne. So eine Talfahrt dauert bei mir nicht lange. Wenn ich nach einer Ablenkungsaktion müde ins Bett falle, schlafe ich meistens gut ein. Wenn nicht: Weinen gehört ebenso zum Leben wie Lachen.»

Paula hätte keine Ahnung, wovon Anita, Ute und Vanessa reden. Leere, Einsamkeit, Sinnlosigkeit, depressive Verstimmungen – Paula war ihr Leben lang viel zu sehr damit beschäftigt zu überleben. Sie hatte keine Zeit, sich Gedanken um ihr Seelenheil zu machen. Paula war ein Supersingle vom alten Schlage. Sie starb kurz nach ihrem 86. Geburtstag und war meine Großmutter.

Ich habe nie gesehen, wie sie aufstand. Sie war immer bereits wach, angezogen und beschäftigt, wenn ich die Augen aufschlug. Sie kochte entweder Obst ein oder fütterte ihre Hasen oder fegte die Küche oder räumte den Keller auf oder reparierte den platten Reifen des Fahrrades oder las in der Zeitung. Das Frühstück stand natürlich längst auf dem Tisch. Sie mähte Gras mit der Sense oder baute den kaputten Wecker auseinander. Paula meisterte ihren Alltag mit einer undramatischen Leidenschaft. Sie war ein weiblicher Alm-Öhi. Fleißig, arm und glücklich darüber, von früh bis spät zu arbeiten, um nicht zu hungern und zu frieren. Glück war, wenn die Alpen glühten oder der Kirschbaum weiß blühte. Luxus fand sonntags statt, wenn sie zum Kaffeeklatsch mit ihren beiden Freundinnen zwei verschiedene selbtgebackene Torten reichte. 30 Jahre lang lebte sie ihr Single-Leben. Als ihr Mann starb, war sie 56 Jahre alt. Einmal, mit etwa 60, dachte sie kurz darüber nach, einen «Herrn» zu heiraten, der ihr einen «Antrag» gemacht hatte. Aber sie lehnte ab. «Ich will keinen Mann mehr. Mit dem ersten war es schwer genug.»

Ich war zehn Jahre alt, als meine Großmutter diese Worte sprach. Meinen Großvater hatte ich als ganz und gar nicht «schwer» in Erinnerung. Sein Lachen klang herzlich, er roch aufregend nach Zigarrenrauch und spielte gern Fangen. Ich hatte damals keine Ahnung, wovon meine Großmutter redete. Heute weiß ich es um so besser. Es ist anstrengend, jeden Tag den Müll allein die Treppe hinunterzutragen, die Entscheidung über den Kauf der Eigentumswohnung allein zu treffen oder den Videorecorder zu programmieren. Noch anstrengender ist es aber, dies alles zu tun und dazu auch noch einen Mann zu haben. Männer, auch die nettesten, machen zusätzlich Arbeit. Sie krümeln auf den Fußboden, wischen die Arbeitsplatten in der Küche nicht sauber, wollen, daß man ihre Socken sucht oder ihren Braten brät oder zuhört. Selbst wenn man verliebt ist und dies alles mit Freuden auf sich nimmt: Ein Mann kostet Zeit und Energie. Wer glaubt, er könne einem als Ausgleich dafür diverse Pflichten abnehmen, der irrt sich: Aus genetischen Gründen sind Männer oft technische Versager, auch Finanzen sind nicht ihre Stärke, ganz zu schweigen von der Aufgabe, gefüllte Müllbeutel von A nach B zu tragen – eine Tätigkeit, gegen die das männliche Immunsystem übrigens heftige Abwehrreaktionen bis hin zur Allergie entwickelt hat.

Meine Erlebnisse bestätigen die Erfahrung, aus der bereits meine Großmutter die Konsequenz gezogen hatte, nie wieder zu heiraten: Wenn man als Frau nicht alles selber macht, passiert gar nichts oder Unsinn. Ein Mann ist keine Hilfe, sondern immer ein zusätzlicher Job. Wenn er der Traumjob ist, ist nichts dagegen einzuwenden. Aber wer braucht eine zusätzliche, schlechtbezahlte, lästige Pflicht?

Superman ist Junggeselle, Superwoman auch: Wer liiert ist, muß neben der ganzen Alltagslast auch noch eine Beziehungskiste mit sich herumschleppen. Da bleibt wenig Kraft für Heldentaten und Höhenflüge.

Frauen mit Partnern betrachten Singles daher oft als besonders belastbar. Stärker als sie selbst je sein könnten: «Bewundernswert, wie du das alles schaffst.»

Abgesehen davon, daß der Satz oft nichts weiter ist als schlechtgetarnte Häme und frei übersetzt lautet: «Augenringe, Schulden und ein Kind, das eine Sechs in Mathe hat, ätsch, das hast du jetzt von deiner sogenannten Unabhängigkeit!» – ist er falsch.

Singles sind nicht belastbarer, sie setzen ihre Kraft nur

anders ein. Energie, die Verheiratete darin investieren, sich den Kopf zu zerbrechen, warum er sie seit vergangenem Montag nicht mehr auf den Mund küssen will, stecken Singles ins Internet. Dort suchen sie nach gewinnträchtigen Aktien, Immobilien oder Psychoseminaren zur Steigerung des Selbstbewußtseins. Das mag auf den ersten Blick wie ein Vorteil wirken. Aber wer von beiden ist stärker, wenn es darum geht, wirklich wichtige Lebensaufgaben zu meistern, wie einer Freundin in einer Lebenskrise zu helfen, ein Kind zu gebären oder zu entscheiden, ob man rechts oder geradeaus fahren muß, um von Avignon nach Orange zu gelangen?

Stärke und Schwäche sind nicht an eine Lebensform geknüpft, sondern an eine Lebenshaltung, die da lautet: Nicht flennen, sondern handeln, nicht auf den Retter in der Not warten, sondern sich im Ernstfall selbst helfen. Die Fähigkeit, über sich hinauszuwachsen, ist zweifellos an das X-Chromosom gekoppelt. Daher sind alle Frauen potentielle Superwomen.

Ich glaube, das Vorurteil vom superstarken Single hält sich, weil Singles nur bei ihren besten Freunden und nur ausnahmsweise über ihr Leben jammern. Singles wirken stark und aufgeräumt, denn sie sind es nicht gewohnt zu klagen. In ihrer Single-Wohnung hört es ja sowieso keiner.

Goldmaries

Warum es schlimm ist, sein Geld allein verdienen zu müssen, und noch schlimmer, es zu teilen.

«Make Love Not War», so die Parole der Hippies in den Siebzigern. In den Achtzigern änderten die Yuppies sie ab in: «Make Money Not Love». Diese Version haben Singles in den Neunzigern einfach übernommen. Teils, weil sie sowieso Yuppies sind, teils, weil sie keine Zeit haben, sich ein eigenes Motto auszudenken. Zu viele Überstunden. Und dann die Kinder. Und das Flusensieb ist auch schon wieder verstopft.

Allein leben und Geld verdienen ist eine krisenanfällige Kombination – eine Zwangsehe. Singles haben keine Wahl: Kein Partner in der Hinterhand, der einspringen würde, falls man auf die Idee käme, eine Zeitlang nur Mutter sein zu wollen, zu studieren oder sich auszuruhen. Solche Flausen kann man sich aus dem Kopf schlagen. Fakt ist: Singles – bis auf reiche Erben, Witwen oder Exmillionärsgattinnen – müssen arbeiten. Punkt.

Selbst wer seinen Beruf liebt und den wahren Sinn des Lebens darin sieht, neun Stunden am Tag damit zu verbringen, das Bruttosozialprodukt zu steigern oder das persönliche Einkommen, hat gelegentlich Probleme mit dem «Muß». Zwang führt zu Trotzreaktionen und anderem unvernünftigen Verhalten, bei mir etwa zu Haßattacken gegen Frauen, die nicht arbeiten müssen. Die jemanden haben, der für sie bezahlt. Hausfrauen.

Es geschieht regelmäßig zum Monatsende. Die ersten Zahlungen werden fällig: Miete, Strom, Altersversorgung. Die

Kreditkartenrechnung trudelt ein und zeigt einen lächerlich hohen Betrag, der bei genauerer Betrachtung leider kein Witz ist. Ich schicke ein Stoßgebet los: «Heiliger Sankt Dispo, beschütz mein Haus, zünd andere an.» Es hilft nichts. Also beiße ich in saure Äpfel, während Kolleginnen sich in der Mittagspause bei Giovanni mit Pasta vollstopfen. Nicht richtig schlimm, denn Obsttage sind gesund, und die Hose kneift sowieso. Aber es kommt schlimmer. Im Schaufenster des Schuhladens stehen auf einem kleinen Podest plötzlich die Milleniumschuhe. Schwarz, schlicht, raffiniert. Nicht zu hoch, nicht zu spitz, nicht zu teuer: 500 Mark für ein Kunstwerk – geschenkt.

Die Kreditkarte rattert anstandslos durch die Maschine und plärrt: «Fehler, zu teuer, kannst du dir nicht leisten im Moment, denn heute wird die Autoversicherungsrechnung im Briefkasten sein, und deine Kunden zahlen frühestens in zwei Wochen, wenn überhaupt, ratatata ...» Die Verkäuferin wartet und lächelt und spielt mit ihrem fetten, goldenen Ehering. Ich taxiere ihr Outfit: dreimal so teuer wie meins. Die Diamanten im Ohr sind echt. Aha. Sie arbeitet also zum Spaß. Sie könnte theoretisch zum Telefonhörer greifen und sagen: «Weißt du, Schatz, ich glaube, ich mag keine Schuhe mehr verkaufen. Ich bleibe lieber zu Hause und nehme Golfstunden.» Ich hasse sie.

Warum sind Männer scharf darauf, gesunde und kräftige Frauen durchzufüttern? Wenn einer 50 000 Mark im Monat verdient und ohnehin schon drei Autos, vier Häuser und alle CDs dieser Welt besitzt, dann vielleicht, weil er sich sagt: «Peanuts. Die Blondine gönn ich mir.» Was ich nicht begreife: Ein armer Mechaniker, der mit weniger als 5000 Mark herumkrebsen muß – warum leistet der sich eine übergewichtige Brünette, die zu Hause sitzt und den ganzen Tag ungeduldig auf ihn wartet, um endlich mit ihm zanken zu können? Aber, viel wichtiger: Auch ich bin brünett und dick. Warum bezahlt mich keiner? Warum legt mir keiner Autos, Gucci-Schuhe und Ferienhäuser vor die Füße? Ich hasse diese Verkäuferin. Dabei ist sie nicht einmal wirklich Hausfrau.

«Ich bin völlig ausgelastet.» Ohne mit der Wimper zu zukken, geht reichen Hausfrauen der Satz über die Lippen. Sie sind sicher: Ich bin die vierstellige Summe, die ich pro Woche verpulvere, locker wert. Der Satz ist die raffinierteste und einträglichste Lüge des Jahrtausends. Jede Frau, die ihr Geld selbst verdient, schüttelt über soviel Dreistigkeit den Kopf. Andererseits: Solange die Männer dumm genug sind, darauf hereinzufallen, sollen sie eben bezahlen. Aber dann wenigstens gerecht: eine Frauensteuer, die gleichmäßig unter allen Frauen aufgeteilt wird, auch unter den Singles. Warum sollen nur Hausfrauen von männlicher Blödheit und der daraus resultierenden Zahlungswilligkeit profitieren? Es ist nicht fair, daß ich arbeiten muß, während diese Verkäuferin mit ihren Diamanten im Ohr nur Arbeiten spielt und Frauen wie meine Freundin Alma überhaupt nicht arbeiten.

Ich stecke meine Kreditkarte ein, unterschreibe mit säuerlich zusammengepreßten Lippen, drehe mich abrupt um und verlasse grußlos den Laden. Zur Strafe werde ich beinahe von einem nachtblauen Luxus-Jeep überfahren, einem jener Wagen, die bevorzugt von Berufsmüttern gelenkt werden. Sie chauffieren damit ihre verzogenen Söhnchen zur Schule. Danach können sie noch eine Runde schlafen, bevor sie mit ihrem Tagewerk beginnen: Nägel lackieren, Schuhe kaufen, Polo spielen. Ich persönlich würde Tanzunterricht nehmen und mich danach massieren lassen. Was wäre das für ein Leben! Ich würde weiterhin arbeiten, aber ohne jeglichen Druck, vielleicht nur an ungeraden Tagen. Ich würde nur noch wahnsinnig sinnvolle Sachen schreiben, hinter denen ich hundertprozentig stehe, oder Gedichte, die mit «Ach» beginnen. Ach, es wäre herrlich!

Ich sitze wieder vor meinem Monitor und arbeite. An den Füßen die herrlichsten Schuhe der Welt, im Kopf eine wohltuende Stille. Die Neidattacke ist vorüber. Mir ist zum Glück wieder eingefallen, daß ich meine Arbeit aufrichtig liebe: Ich muß zwar arbeiten – aber ich will auch. Will ich etwa eine Hausfrau sein, finanziell abhängig von jemand anderem als mir selbst? Bloß nicht. Alma bekommt beim Anblick des Stellenmarkts in der Tageszeitung glänzende Augen und murmelt etwas wie: «Ich wünschte, die Kinder wären größer ...» Arbeiten und damit Geld verdienen – das unterscheidet uns von der Tierwelt. Eichhörnchen können sich vermehren, Ameisen können Kinder füttern und ihre Behausung sauberhalten – aber können sie Bücher schreiben, Autos reparieren, Klarinette spielen, Schuhe verkaufen, in zehn Kilometer Höhe lächelnd Reisfleisch servieren und Kotztüten einsammeln? Arbeit, die nicht Jagd, Sammeln, Hausarbeit oder Kinderaufzucht ist, ist ein menschliches Privileg. Darauf zu verzichten bedeutet, einen Schritt zurückzugehen, Richtung Neandertal. Gut, daß einem diese Sackgasse als Single versperrt bleibt.

Sophia ist 40 Jahre alt und Künstlerin. Sie lebt mit ihrer achtjährigen Tochter seit drei Wochen in einem Hotel. Ihr Freund, mit dem sie zehn Jahre lang lebte und von dem sie seit einem Jahr getrennt ist, hat sie jetzt endgültig vor die Tür gesetzt. Sophia wohnte bis dahin in seiner Wohnung, von seinem Geld. Sie muß sich zum erstenmal in ihrem Leben selbst finanzieren.

«Ich mache das, was ich bisher auch gemacht habe: Ich male. Der Unterschied ist, daß ich die Bilder verkaufen muß. Bisher konnte ich sie verkaufen, ohne Druck. Das ist ein großer Unterschied. Ich war sehr entspannt und fühlte mich frei zu experimentieren – wenn es den Leuten nicht gefiel, na und? Ich brauchte weder ihren Applaus noch ihr Geld. Meine Miete und mein Leben waren bezahlt. Ich konnte mich ganz auf meine Kunst konzentrieren, von der ich überzeugt bin. Ich bin sehr gespannt, ob ich das weiterhin tun kann, obwohl ich den finanziellen Druck spüre. Ich werde jetzt eine billige Wohnung finden und alles tun, um mich möglichst schnell wieder zu berappeln. Zur Not muß ich mich eben ins soziale Netz fallen lassen.»

Wie will sie sich berappeln?

«Ich werde Galerien abklappern und fragen, ob sie an meinen Sachen interessiert sind. Vielleicht versuche ich, selbst eine Galerie zu eröffnen. Ich habe Kunstgeschichte studiert und könnte mich um eine Stelle in einem Museum bemühen oder in einem Kunstverlag oder einer Buchhandlung. Ich weiß es noch nicht. Zur Zeit weiß ich wenig, weil ich mit meiner Angst kämpfe. Ich habe schreckliche Existenzängste.»

Hatte sie während der Beziehung niemals Angst vor der finanziellen Abhängigkeit von ihrem Freund?

«Nein! Es war eine gegenseitige Abhängigkeit. Ich war finanziell abhängig von ihm, er war emotional abhängig von mir. Darauf habe ich mich verlassen, und es ging ja auch sehr lange gut. Er hat mich sogar nach der Trennung ein Jahr lang weiter unterstützt. Er hat so viel Geld! Ich bin davon ausgegangen, daß er ewig für mich und unsere Tochter bezahlen würde. Wir haben ihm sehr viel gegeben – Liebe, ein Familienleben, das er sehr genossen hat, Freude. Wir geben es ihm noch! Das ist mehr wert als 4000 Mark im Monat, oder etwa nicht?»

Warum zahlt er nicht mehr?

«Er hat eine neue Freundin. Ich vermute, sie hat ihm eingeredet, sie brauche die Wohnung, in der wir bisher lebten. Als ich ihm die Frage stellte, warum wir plötzlich ausziehen müßten, antwortete er, er fühle sich von mir benutzt und ausgebeutet. Er wolle nur noch für sein Kind bezahlen. Was sollte ich dazu sagen? Ich habe gelacht und meine Sachen gepackt.»

Wovon bezahlt Sophia das Hotel?

«Ich habe einige Bilder verkauft und etwa 10000 Mark bekommen. Ich kann mehr verkaufen. Ich bin gut. Vielleicht werde ich sogar noch besser, wenn ich unter Druck stehe. Als Kind schnitt ich bei Klassenarbeiten immer besser ab, als von meinen Leistungen im Unterricht zu erwarten war. Ich überraschte meine Lehrer. Vielleicht bin ich ja immer noch für Überraschungen gut.»

Wäre ein neuer Mann eine Lösung?

«Ein neuer reicher Mann? Klar! Das Problem ist nur: Ich müßte ihn lieben und er mich. Ich suche mir meine Partner nämlich nicht mit dem Taschenrechner aus, sondern mit dem Herzen. Das bedeutet, ich könnte ebensogut an einen armen Schlucker geraten, und alles wäre noch viel schlimmer. Ich möchte keinen neuen Mann in meinem Leben. Ich möchte mit meiner Tochter allein sein. Die Trennung von ihrem Vater war so traumatisch für mich – ich traue mich nicht, das Risiko einzugehen, so einen Schmerz noch einmal zu erleben. Ich bleibe Single, bis die Wunden verheilt sind. Mein Plan für die Zukunft lautet, meine finanzielle Unabhängigkeit zu erarbeiten. Ich plane nicht, irgendeinen Mann zu finden, der meine Probleme löst. Das wäre eine Abhängigkeit, vor der ich wirklich Angst hätte!»

Sophia hat keinen Job, keine Wohnung und keinen Mann. Keine Frage, was ihr am wenigsten fehlt.

Linda ist 54 Jahre alt und hat alles. Die millionenschwere Geschäftsfrau steht an ihren Panoramafenstern, blickt über die Stadt und lächelt zufrieden über ihren goldenen Platz in der ersten Reihe.

«Man kann wohl sagen, daß ich es zu etwas gebracht habe. Ich habe aber dabei keinen Moment lang an das Geld gedacht, sondern immer nur versucht, möglichst gut in meinem Job zu sein. Ich habe meine Karriere nicht geplant, das war zu meiner Zeit nicht üblich. Ich schlitterte hinein.

Das einzige, was junge Frauen damals geplant haben, war, einen Mann zu finden, zu heiraten und Kinder zu bekommen.»

Linda hat mit Mitte Zwanzig geheiratet, Kinder bekommen und ihr Imperium mit Hilfe ihres Ehemannes aufgebaut.

«Es war eine sehr gute Ehe. Er war mein Traummann. Er hat die drei Töchter versorgt, gleichzeitig eine eigene erfolgreiche Karriere gestartet, und vor allem: Er hat mich moralisch unterstützt und an mich geglaubt. Immer wenn ich Zweifel an meiner Mütterlichkeit bekam, weil ich die Kinder im Grunde nur am Wochenende sah, bestärkte er mich. Den Mädchen gehe es gut, es fehle ihnen an nichts, ich brauche mir keine Sorgen oder gar Vorwürfe zu machen. Als er vor vier Jahren starb, brach die Welt für mich zusammen. Ohne meinen Beruf hätte ich nicht überlebt.»

Linda lebt jedoch nicht aus Pietät oder Trauer allein.

«Als mein Mann starb, habe ich nicht damit gerechnet, Single zu werden. Für mich ist es nämlich normal, ‹die Frau von› zu sein und zu jemandem zu gehören. Nach dem ersten Jahr dachte ich, so, jetzt bist du soweit. Du hast den Tod verarbeitet. Du kommst viel herum, du wirst bestimmt bald jemanden treffen. Aber nein. Weit und breit niemand, der auch nur annähernd in Frage käme.»

Linda sieht ihren Erfolg im Beruf als größtes Hindernis.

«Männer in meinem Alter haben Angst vor erfolgreichen Frauen. Sie wollen versorgt und bewundert werden und der große Held sein, auch in materieller Hinsicht. Das ist mit mir etwas schwierig. Reisen, Häuser, Kleider – das kann ich mir alles selbst leisten. Und zum Versorgen und Bemuttern habe ich keine Zeit. Mein Terminkalender ist vermutlich praller als der der meisten Männer. Das finden sie unattraktiv.»

Das Alter ist eine zusätzliche Hürde.

«Männer um die Sechzig, also die Altersgruppe, die für

mich in Frage kommt, sind so eingefahren und starr. Ich fühle mich geistig den jungen Leuten viel näher. Mit ihnen kann ich über Filme reden, wandern oder tanzen gehen. Junge Leute sind wie ich neugierig auf die Welt und wollen neue Menschen kennenlernen und neue Erfahrungen machen. Ich wünsche mir einen Partner, der ebenso offen und spontan ist wie die Leute im Alter meiner Kinder, um die Dreißig. Das ist eine Altersgruppe, die ich wesentlich anregender finde als meine eigene. Natürlich kommen so junge Männer als Partner für mich nicht in Frage. So experimentell bin ich nicht, daß ich einen potentiellen Schwiegersohn heiraten würde. Und was wäre in zehn Jahren? Ich wäre mir schon körperlich viel zu unsicher.»

Linda hat die Hoffnung auf ein Leben zu zweit aufgegeben.

«Der Abschied ist mir nicht sehr schwergefallen. Ich bin glücklich. Ich habe meine Kinder, Freunde und den Beruf, der mich wirklich erfüllt. Ich genieße die Vorteile des Alleinseins: Ich brauche meinen Alltag auf niemanden mehr abzustimmen, kann Termine legen und reisen, wie es mir gefällt. Ich habe mehr Zeit für mich selbst, in der ich ungestört lesen, Musik hören oder grübeln kann. Ich habe eine Tätigkeit wiederentdeckt, die ich während meiner Ehe vergessen hatte: Tagträumen. Wie damals als Teenager, als ich in meinem Zimmerchen lag und einfach nur meine Gedanken schweifen ließ. Seltsam, damals wie heute taucht immer wieder dieser Prinz auf seinem weißen Pferd auf. Inzwischen lebe ich jedoch so gern allein, daß ich nicht mehr sicher bin, ob ich tatsächlich zu ihm auf seinen Schimmel steigen würde.»

Lindas Single-Dasein bringt allerdings einen großen Nachteil mit sich.

«Wer allein lebt, braucht Freunde. Meine alten Freunde sind Freunde meines Mannes und mir, also Paare. Wenn ich ein Paar allein besuche, ist es immer ein wenig ungeschickt. Rede ich zuviel mit dem Mann, wird die Frau eifersüchtig, rede ich zuviel mit der Frau, langweilt sich der Mann. Worüber kann man schon mit einer Frau reden, wenn der Mann zuhört? Solche Gespräche kann man ohnehin vergessen. Ich habe im Grunde keine Freunde. Geschäftsfreunde, Bekannte, befreundete Ehepaare – massenhaft. Aber mir fehlt die Freundin oder der Freund. Es ist sehr schwierig für mich, neue Leute wirklich gut kennenzulernen. Ich muß vorsichtig sein, denn ich habe oft erlebt, daß jemand, den ich für einen zukünftigen Freund hielt, nur von mir profitieren wollte. Ich hasse es, unter dem Vorwand von Freundschaft als Geschäftskontakt oder Geldgeberin benutzt zu werden. Da lasse ich lieber erst gar niemanden an mich heran.»

Würde Linda einen Hausmann als Partner akzeptieren?

«Wenn er kein Geld hätte, würde ich denken, er sei ein Schmarotzer, der sich von mir durchfüttern lassen will. Hätte er Geld und würde nicht arbeiten, wäre er absolut unattraktiv für mich. Worüber sollten wir reden? Nein, ein Hausmann käme für mich nicht in Frage. Auch kein Sekretär, der für mich arbeitet. Ich brauche jemanden auf gleicher Augenhöhe, auch geschäftlich.»

Beneidet Linda Hausfrauen?

«Ich mag meine Mutter, eine überzeugte Hausfrau, die ihr ganzes Leben lang nicht berufstätig war. Als Kind war es wundervoll, jemanden zu haben, der den ganzen Tag für mich da war. Meine eigenen Töchter mußten auf diesen Luxus verzichten. Geschadet hat es ihnen nicht, sie sind wohlgeraten. Ich hatte natürlich ein schlechtes Gewissen, aber ich habe dennoch keine Sekunde daran gedacht, meinen Beruf aufzugeben. Zu Hause bleiben und Kinder erziehen ist keine Alternative für mich gewesen. Ich habe Hausfrauen niemals um ihr ruhiges Leben beneidet, im Gegenteil: Ich habe Frauen, die nicht arbeiten, eher bedauert. Was ihnen alles entgeht! Bestätigung, Erfolgserlebnisse,

Herausforderungen, Siege und Niederlagen, das ganze Leben findet doch außer Haus statt. Ich bräuchte längst nicht mehr zu arbeiten. Ich habe genug Geld verdient. Ich arbeite, weil ich Freude daran habe, weil Arbeit – verheiratet oder nicht – mein Leben ist! Ich werde erst in Rente gehen, wenn meine Gesundheit nicht mehr mitmacht. Am liebsten würde ich arbeiten bis zu meinem letzten Tag.»

Ute, die Exehefrau des erfolglosen Rockgitarristen, ist anderer Meinung. Als Schauspielerin moderiert sie gelegentlich Rundfunksendungen, verleiht in Synchronstudios ihre Stimme an ausländische Kollegen und sagt, sie würde zur Not auch mit ihren 35 Jahren noch kellnern und babysitten. «Warum nicht? Junge Jobs halten jung.» Ute findet, Arbeit sei Arbeit und allein dazu da, das Leben zu bezahlen. Unter «Spaß» und «Befriedigung» versteht sie etwas ganz anderes: nicht arbeiten. Sie arbeitet daher so wenig wie möglich.

«Ich glaube, mir fehlt es sowohl an Ehrgeiz als auch an Motivation. Als Kind habe ich in der Schule immer nur das Minimum erledigt. Als Erwachsene habe ich nie verstanden, warum sich Leute abrackern, um Autos zu bauen, Bücher zu verkaufen oder zu schreiben oder sonst etwas. Das führt doch nur dazu, daß man mehr Geld verdient, als man ausgeben kann. Man bekommt Magengeschwüre, weil die Kollegen blöd sind, Herzinfarkte, weil die Kunden grausame Könige sind, oder es klopft einem ein wildfremder Mensch auf die Schulter, der vielleicht Mundgeruch hat, und sagt: ‹Gut gemacht, Frau Müller!› Darüber soll man sich dann freuen? Darin kann ich absolut keinen Sinn entdecken. Wenn ich 3000 Mark brauche, dann arbeite ich so lange, bis ich die Summe verdient habe, und keine Minute länger.»

Ute hat in ihrem Single-Leben die Freiheit entdeckt, faul zu sein.

«Ich muß für niemanden sorgen, nur für mich. Finanzielle Engpässe machen mir wenig aus, ich habe niemanden an meiner Seite, der einen Nervenzusammenbruch bekommt, weil der 25. ist und ich die Miete für den folgenden Monat noch nicht zusammengekratzt habe. Ich habe bisher immer alle meine Rechnungen bezahlen können. Ich lebe von der Hand in den Mund. Ich mag diesen Lebensstil. Ich liebe meinen Beruf, aber ein Liebesbeweis pro Woche reicht für meinen Geschmack aus.»

Was macht Ute, statt zu arbeiten?

«Ich lese romantische Liebesromane. Im Sommer lege ich mich in die Sonne und betrachte die Wolken. Ich treffe Freunde. Ich bade. Ich räume die Wohnung um. Ich gehe auf Ausstellungen. Ich schaue mir Filme an. Ich versorge die Meerschweinchen, die Maus und meine Vögel. Ich besuche meine Mutter. Ich verarbeite immer noch meine Ehe und lese Bücher, wie man darüber hinwegkommt, einen großen Teil seines Lebens an einen Lügner verschwendet zu haben. Ich bin immer noch wütend auf meinen Exmann und sehe mich immer noch als Opfer – was allerdings Quatsch ist. Ich arbeite an mir und meinem seelischen Gleichgewicht. Ich koche und backe und sortiere alte Fotos in Alben ein. Ich mache mich fertig, um abends auszugehen. Ich habe tausend Dinge zu tun und falle jeden Abend erschöpft ins Bett.»

Ute, die «Hausfrau» unter den Singles. Beneidet sie die echten Hausfrauen?

«Ich gönne jeder Hausfrau den Luxus eines Geldgebers von Herzen. Ich bin selbst die geborene Hausfrau! Ich hätte überhaupt nichts dagegen, mich finanziell versorgen zu lassen. Langeweile oder eine Sinnkrise, die viele Frauen befällt, die nicht berufstätig sind, sind mir wesensfremd. Mein Traummann ist einer, der von mir definitiv nicht erwartet, daß ich irgendeine Karriereleiter hinaufsteige. Ich bleibe gern unten. Und abends empfange ich ihn mit einem netten Dinner, gut gelaunt und frisch geföhnt.»

Ist Ute auf der Suche nach einem Mäzen?

«Nein. Ich komme finanziell blendend zurecht – für meine Begriffe wenigstens. Ich würde niemals wegen des Geldes mit einem Mann zusammensein. Stünde ich ohne einen Pfennig da, würde ich lieber meine Eltern anpumpen oder Drinks mixen. Wenn ich überhaupt einen Mann in mein Leben ließe, dann ausschließlich aus Liebe. Aber selbst dann müßten wir in getrennten Wohnungen leben. Mir kommt kein Mann mehr länger als ein Wochenende ins Haus. Ich lerne aber immer nur Männer kennen, die noch weniger Geld haben als ich und für die ich womöglich aufkommen müßte – ein Spiel, das ich aus meiner geschiedenen Ehe kenne und auf das ich mich nicht mehr einlasse.»

Ute ist die Ausnahme. In der Regel nutzen Singles ihre Lebensform, um Karriere zu machen.

Für Karin, die Krankenschwester, ist der Beruf der wichtigste Teil ihres Lebens.

«Schichtarbeit, Überstunden, Feiertagsdienste, Weiterbildungen – ich bin bestimmt flexibler als Kolleginnen, die neben ihrem Beruf eine Familie haben. Ich habe keinen Dreijährigen, der auf seine Gutenachtgeschichte wartet, keinen Mann, der enttäuscht darüber ist, daß ich nicht mit auf einen Wochenendtrip kommen kann. Ich stehe vergleichsweise unter wesentlich weniger Druck. Ich muß weder einen Kühlschrank füllen noch ein warmes Essen auf den Tisch bringen. Ich muß mir weder Sorgen um die Zukunft der Kinder noch die der Ehe machen. Mir spukt kein potentieller Ehebruch im Gehirn herum, keine verpatzte Mathearbeit – ich kann mich voll und ganz auf meinen Beruf konzentrieren. Ich bin vergleichsweise schnell aufgestiegen in der Hierarchie und so weit oben angekommen, wie es mir mit meiner Ausbildung möglich ist. Einige Kolleginnen halten mich bestimmt für superehrgeizig, womöglich sogar für unkollegial. Mit meiner Arbeitswut vermassele ich den Schnitt, denn wenn ich hundertfünfzigprozentig bin, dann wird von allen anderen dasselbe erwartet. Mir soll's egal sein. Ich kümmere mich nicht darum, was andere von mir denken. Ich mache, was ich will. Das bin ich als Alleinlebende so gewohnt.»

Anita, die Architektin, die gleichzeitig ein Geschäft führt, genießt das Verkaufen:

«Gelegentlich stehe ich selbst im Laden, weil es mir Spaß macht, wildfremde Leute davon zu überzeugen, daß sie bestimmte Dinge unbedingt haben müssen, Vitaminpräparate, Bodylotions, Proteine. Ich habe einmal einem Mann Muskelaufbaupräparate im Wert von 300 Mark verkauft, obwohl er ursprünglich nur eine 50-Mark-Dose haben wollte. Ich habe ihm die Wirkung eines Produkts erklärt, die steigernde Wechselwirkung mit einem anderen, die Vorteile einer Kombination mit einem weiteren – er fühlte sich offensichtlich kompetent beraten. Er war richtig glücklich mit seinem Kauf und trug ihn stolz nach Hause. Ich genieße es, abends bei der Abrechnung einen Rekordumsatz gemacht zu haben. Das motiviert auch die Angestellten. Sie versuchen, mich zu schlagen. Es ist wie ein Wettlauf. Ich finde es irrsinnig spannend.»

Viele alleinlebende Frauen stecken ihre Energie in einträgliche Berufe statt in marode Partnerschaften. Der verhaltensgestörte Workaholic im Jil-Sander-Kostüm, der mit 35 den ersten Herzinfarkt knapp überlebt, ist ein Klischee, das es nur ganz vereinzelt tatsächlich gibt. Die erfolgreichen Frauen, die ich kenne, arbeiten nicht aus Verzweiflung so hart, sondern aus Freude.

Mamas Alptraum

Warum Eltern sich Schwiegerkinder wünschen und wie man diesen Wunsch liebevoll ignoriert.

Welche Mutter könnte je den Moment der Geburt vergessen? Jemand versucht offensichtlich erfolgreich, von innen ihren Bauch aufzureißen. Unmöglich, das zu überleben. Auch die Frau mit dem heiteren Gesicht und dem blöden Geschwätz – «Ruhig atmen, nicht verkrampfen, gleich haben Sie's geschafft ...» – wird sie nicht retten können. Erst recht nicht der Mann, der danebensteht und prustet wie eine Dampflokomotive, weil er glaubt, ihr dadurch zu helfen. «Hör auf zu hecheln, Idiot! Ich hasse dich! Du bist an allem schuld!» kann sie gerade noch zwischen den Zähnen hervorpressen, bevor sie weggetragen wird, in die vierte Dimension, wo es grün blitzt, während eiskalte Nebelschwaden rhythmisch auf- und niederwallen – wer einmal *Raumschiff Enterprise* gesehen hat, weiß, wovon die Rede ist.

Aber nein: Der Ausflug in die Vorhölle hat ein Happy-End. In den Armen windet sich, drei, vier Kilo leicht und häßlich wie ein Grottenolm, ein brandneues Menschenwesen. Nach allem, was es ihr angetan hat, bleibt ihr nichts anderes übrig, als es hemmungslos zu lieben. Dann faßt die Mutter einen weitreichenden Beschluß. Sie wird ihr Leben einer Sache widmen: den wurstfarbenen, glitschigen Winzling, der auf ihrer Brust liegt und zögerlich die frisch ausgebreiteten Lungenflügel ausprobiert, zu schützen. Und zwar immer und ewig, vor allem und jedem – und mit allen Mitteln. «Ich werde immer für dich dasein und nur das Beste für dich dulden!» schwört sie. Der Beginn einer verhängnisvollen Affäre.

Egal, ob der Dreijährige genüßlich die Beine einer zappelnden Stubenfliege aufrupft, die Vierzehnjährige drei Sechsen hintereinander nach Hause bringt, der Zwanzigjährige CDU wählt oder die Dreißigjährige den Grand-Hotel-Besitzer mit Ferrari und Villa in der Toskana abblitzen läßt – Mütter fühlen sich schuldig. Warum benimmt sich das Kind so merkwürdig? Hat man etwa den Schwur gebrochen und war mal kurz nicht da? Auf Dienstreise, im Tiefschlaf oder beim Friseur, während das Kind einen nötig gebraucht hätte? «Was habe ich nur falsch gemacht?» lautet die Frage, mit der Mütter allmorgendlich aufwachen und abends ins Bett gehen. Einen Großteil des Einkommens geben Mütter für Bücher aus, die ihnen die einzig erträgliche Antwort liefern: «Nichts.» Dennoch: Selbst die Frau, die einen mehrstündigen Vortrag halten könnte, um fundiert zu belegen, daß Gene und Umgebung die Hauptrollen bei der Entwicklung der Persönlichkeit des Kindes spielen, behält ihren Schuldkomplex. Die Bande der Mutterliebe, geschmiedet im Höllenfeuer der Geburt, sind stärker als 300 Seiten Lebenshilfe, selbst wenn sie als intelligenter Bestseller daherkommen.

Mutterliebe ist zutiefst irrational.

Ich ertappe mich zum Beispiel dabei, daß ich für meine erwachsene Tochter Zukunftspläne schmiede. Ich weiß, wie einfältig das ist: Kein gesundes Kind zwischen 18 und 28 schert sich um Mamas oder Papas Greisenmeinung. Aus seiner Sicht haben Eltern keine blasse Ahnung von den wichtigen und unwichtigen Dingen des Lebens, weil sie so gut wie tot sind. Auch wenn sie den Verfall unter schicken Klamotten verstecken und, igitt, gelegentlich Sex haben, sind sie Vergangenheit. Senil. Out. Alt.

Dennoch: Ich kann es nicht lassen. Jeden Mittelstreckenflug mißbrauche ich dazu, mir vorzustellen, wie mein kleiner Engel, der übrigens längst so groß ist wie ich, in einem herrlichen Haus am Mittelmeer auf einer Designerliege einen alkoholfreien, vitaminreichen Cocktail genießt. In meinem Traum trägt sie ein raffiniertes Chanel-Kleidchen. Ihr frisches Gesicht wirkt ein wenig erschöpft von den Tai-Chi-Übungen am Privatstrand. Sie ist von Beruf Kinderärztin, Betriebswirtin oder von mir aus auch die gefragteste Theaterregisseurin Europas. Sie arbeitet nur einen Tag pro Woche. Sie hat mehrere Doktortitel, denn die schaden nie. Die Villa ist, neben drei anderen Luxusresidenzen in Weltmetropolen, ein Geschenk ihres Mannes.

Mein Schwiegersohn. Sie lernt ihn mit 28 kennen. Bis dahin hat sie eine Menge Verehrer, aber nichts Ernstes. Sie heiratet ihn mit 31 und bekommt mit 33 einen Sohn und mit 36 eine Tochter. Perfekt.

Perfekter Schwachsinn, der einem Teil meines Gehirns entspringt, den ich die «Rama»-Ecke nenne. Die Region, wo Klischees statt Vernunft die Gedanken steuern. Die Vernunft sagt mir, daß «perfekt» auf diesem Planeten über vier Milliarden Bedeutungen hat. Klischees tun jedoch so, als seien es höchstens ein oder zwei. Was das perfekte persönliche Glück betrifft, schreibt das Klischee ganz klar die Partnerschaft vor. Wer kann sich schon völlig dagegen wehren? Klischees behaupten, daß das perfekte Auto nicht aus Korea kommt, das perfekte Kleid nicht aus einer vier Jahre alten usbekischen Kollektion stammt, das perfekte Wetter Sonnenschein ist, mit einer milden Brise. Und das perfekte Leben findet im Wohlstand statt, mit Sozialversicherungen, gesundem Haustier und Partner. Ich schaffe es nicht, mich völlig von Klischees zu befreien, schon gar nicht, wenn ich träume.

Darum habe ich mir die Zukunft meines Kindes noch nie als Single erträumt, obwohl ich selbst aufrichtig gern Single bin. Sogar wenn ich von mir selbst tagträume, verlasse ich die Vernunft und beuge die Wirklichkeit, bis sie in ein Hochglanzmagazin passen würde: Ich bin zehn Kilo leichter, mein Haar ist länger und glänzender, ich verdiene das Zehnfache und bin manchmal sogar glücklich verheiratet.

Egal wo ich hinfliege: Das Relief der Wolkendecke unter mir, das ich lese wie den Kaffeesatz, zeigt mir immer einen Schwiegersohn. Er ist ein Engelswesen mit herrlichem Körperbau, verdient drei Millionen Mark pro Woche, hat endlos Zeit für mein Kind, ist großzügig, gebildet, lustig, zärtlich und ein liebevoller Vater für meine Enkelkinder. Er raucht nicht, trinkt nicht und fährt niemals zu schnell Auto. Er ist ein linker Freigeist, der Schuhspanner für unverzichtbar hält, Cello spielt wie Jacqueline du Pré, kreativ und verrückt ist wie der geniale Maler Jean-Michel Basquiat, dabei gewissenhaft und moralisch tadellos wie der Physiker und Philosoph Carl Friedrich von Weizsäcker.

Klar wünsche ich mir so einen Schwiegersohn! Wer nicht? Das Kind verdient das Beste, nichts als das Beste, und bis der Tod sie als putzmuntere 128jährige im Schlaf ereilt, soll sie ihr Leben in Saus und Braus genießen, ohne daß sie auch nur einen Finger dafür rühren muß. Die Quadratur des Kreises – ich halte sie, was die Wünsche für meine Kinder betrifft, für möglich, denn ich habe die Triangulierung einer Ellipse erlebt: ihre Geburt.

So irrational, daß ich meine Tochter mit meinen Mutterphantasien belästige, bin ich allerdings doch nicht. Ich weiß auch, daß meine Träume nicht die ihren sind, denn so weit liegt meine eigene Jugend nicht zurück. Darum dosiere ich meine Vorschläge zur Gestaltung eines optimalen Lebens so vorsichtig wie japanischen Meerrettich.

«Pommes schmecken mit Kresse viel besser als mit Mayo – und du weißt, daß Kresse ein altbewährtes Aphrodisiakum ist?»

Lüge, aber das Motiv ist nobel: Vitamine sind gesünder als Fett. Wer Fett ißt, kann die 128 Lebensjahre vergessen.

«Deine Portishead-CD hat mich an eine andere Scheibe erinnert, die dir gefallen müßte. Big Rich Nichols von The

Roots fährt auch voll drauf ab, hab ich gelesen. Hier, hör mal rein: Johann Sebastian Bach, die Kunst der Fuge.» Vermutlich die Wahrheit, vielleicht auch nicht, jedenfalls: Klassik ist besser für das Hirn als Trip Hop. Und Hirn kann man nicht genug haben.

Meine Tochter durchschaut mich natürlich. Manchmal tut sie ihrer alten Mutter den Gefallen und läßt sich einwikkeln. Scheinbar. Sie liebt mich und ist erwachsen genug, mir ein paar Siegerinnenpunkte zu schenken. Sie weiß, daß ich ihr Leben am liebsten steuern würde, in Richtung Paradies oder was ich dafür halte. Sie schätzt es, daß ich es nicht allzu penetrant versuche. Es völlig zu unterlassen, finde ich ebenso unmöglich wie eine 900-Kalorien-Diät durchzuhalten, ohne gelegentlich zu sündigen. Viele Eltern kennen dagegen überhaupt keine Hemmungen, geben ihrer ungesunden Neigung ungebremst nach und klopfen alles, jede und jeden daraufhin ab, ob es, sie oder er gut genug ist für das eigene Kind.

Häufig angewandt wird in diesen Fällen der Finanztest: «Soso, Udo. Nett, Sie zu treffen. Ihr Vater ist sicher sehr stolz auf seinen gutgewachsenen Sohn, haha. Was ist er übrigens von Beruf?»

Oder der Bildungstest: «Sie sind 1979 in Essen geboren? Jaja, damals, die gute alte Zeit. Wie hieß doch noch gleich der amtierende Bundespostminister in Ihrem Geburtsjahr?»

Der Gesundheitstest: «So schöne Augen und so große Pupillen! Liegt das in der Familie?»

Der Zukunftstauglichkeitstest: «Was wollen Sie eigentlich in den nächsten fünf Jahren Ihres Lebens erreichen und wie?»

Ich habe tiefes Verständnis für Eltern, die potentielle Lebensgefährten ihrer Kinder unter den Röntgenschirm legen. Mir ist ebenfalls glasklar, warum Mütter und Väter ihre Töchter lieber reich als arm verheiratet sehen möchten – oder lieber reich verheiratet als reich allein.

Sicher ist sicher, doppelt hält besser, und besser ist gerade mal gut genug für das heilige Kind. So lautet der Eid, den die Mutter abgelegt hat, damals. Der Tag wird jedes Jahr gefeiert, damit sie's bloß nicht vergißt.

Ich verstehe nicht, warum Ute die Kuppelversuche ihrer Mutter als unsensible und bösartige Eingriffe in ihr Leben betrachtet. Ute ist nicht gerade wohlhabend. Es liegt in der Natur der Sache, daß ihre Mutter sich einen Mann für Ute wünscht, der ihr Leben – aus mütterlicher Sicht – sicherer, luxuriöser und weniger anstrengend macht.

«Man muß diese mütterliche Neigung hinnehmen wie die Blutgruppe. Es läßt sich nichts daran ändern.» Aber Ute klagt dennoch unverdrossen drauflos.

«Meine Mutter ist davon besessen, mich unter die Haube zu bringen. Kein Mann zwischen 30 und 45, den sie trifft, ist davor sicher, von ihr ins Konzert oder ins Theater eingeladen zu werden: Die frisch geschiedenen Söhne ihrer Bekannten, die verwitweten Cousins ihrer Halbcousinen, der Neffe des Briefträgers – ich weiß nicht, wie viele Freier ich ihr bereits verdanke», erzählt Ute. «Als ich verheiratet war, war es ihr auch nicht recht. Er war ihr zu arm. Er hatte keine Manieren. Er war nicht lustig genug. Sie hat mich zum erstenmal in meinem Leben unterstützt, als ich mich scheiden ließ. Hätte ich geahnt, daß sie meinen damaligen Mann nur loswerden wollte, um mich möglichst schnell mit einem anderen, in ihren Augen besseren zu verheiraten – ich hätte die Scheidung abgeblasen. Schon aus Trotz. Als wäre ich allein nichts wert! Und dann diese Heuchelei: Seit ich meine Mutter kenne, hat sie sich über meinen Vater beklagt. Es gab Wochen, während derer meine Eltern kein Wort miteinander gesprochen haben. Es gab Tränen und Zeiten, in denen mein Vater im Wohnzimmer schlief – den ganzen qualvollen Beziehungsquatsch. Wünscht sie sich dasselbe für mich? Und: Wie kommt sie überhaupt auf den

Gedanken, ich bräuchte einen Mann? Glaubt sie, ich wäre zu blöd, mich zu ernähren? Sie selbst hat ihr Leben lang gearbeitet, schon um nicht zuviel Zeit mit uns Kindern verbringen zu müssen. Sie haßte die Mutterrolle und liebte ihren Beruf. Sie verdiente mindestens ebensoviel wie mein Vater. Traut sie mir nicht zu, daß ich es schaffe, meine Miete zu bezahlen? Hält sie mich für das dumme Ding, das eine starke, behaarte Hand braucht, die es durch das Leben führt?»

Ute läßt sich nicht besänftigen. Ich versuche es noch mal:

«Deine Mutter meint es nur gut. Sie kann nicht anders. Es liegt am Geburtseid. Nimm es nicht persönlich. Versuche, darüber zu lachen.» Meine Worte prallen an Ute ab. Jedesmal zuckt sie zusammen. Dann sieht sie mich plötzlich an, als hätte sie soeben entdeckt, daß ich eine Geheimagentin bin. Mißtrauisch fragt sie: «Auf wessen Seite stehst du eigentlich?»

Aus Freundschaft und Mitleid gibt sie mir eine zweite Chance, ihr Leid zu begreifen, und erzählt folgendes Beispiel für untragbares mütterliches Verhalten:

«Vor ein paar Wochen habe ich mein hellbraunes Haar schwarz gefärbt. Alle waren begeistert oder wenigstens höflich genug, Begeisterung zu heucheln. Als meine Mutter mich jedoch damit sah, fragte sie: ‹Bist du verrückt? Was ist bloß verkehrt mit dir? Warum hast du dir das angetan? In deinem Alter?› Dann brach sie in Tränen aus, sank auf einen Sessel und stammelte tonlos: ‹Du siehst abscheulich aus, grauenhaft wie eine Hexe. Du wirst nie mehr einen Mann finden.› Wie kann jemand, der von sich behauptet, mich zu lieben, nur so mit mir reden? Es klingt, als würde meine Mutter mich hassen!»

Ute weint, vorsichtig, damit die Wimperntusche nicht verläuft und sie womöglich tatsächlich grauenhaft wie eine Hexe aussieht.

«Wie hast du reagiert?»

«Ich bin gegangen. Habe die Türen geknallt. Dann habe ich geheult, bis ich zu Hause war.»

«Und dann hat sie angerufen?»

«Einen Tag danach.»

«Hat sie sich entschuldigt?»

«Ja.»

«Siehst du! Sie liebt dich und will dein Bestes: den Prinzen, das Pferd, das Schloß, ewiges Liebesglück ...»

Ute erzählt von ihrer Freundin, die im Briefkasten die Zusage der New Yorker Columbia-Universität für den Pädagogik-Studienplatz und sogar für ein Sonderprogramm für besonders begabte angehende Pädagogen fand. Sie rannte sofort zu ihrer Mutter, einer mäßig glücklich verheirateten Hausfrau. Sie schwenkte den Brief, hopste vor Glück, ihre Stimme überschlug sich vor Freude, als sie die frohe Botschaft verkündete. Die Mutter schwieg eisig und sagte dann: «Deine Schwester hat einen Arzt geheiratet.»

«Hat deine Freundin gelacht?»

«Was gibt es denn da zu lachen?»

«Die Reaktion der Mutter ist komisch und begreiflich. In ihrem Gehirn läuft nämlich folgender Film ab: Die Tochter studiert und studiert, und alles endet damit, daß sie ein Diplom in die Hand gedrückt bekommt. Fortan wird sie tagsüber in grauen Faltenröcken vor einer Horde rotznasiger Kinder stehen. Ihre Abende und Nächte verbringt sie in einer Wohnung, die vollgestopft ist mit Büchern und Baldrianflaschen. Höhepunkte des Jahres sind Wanderungen auf Mallorca oder Wangerooge. Und weit und breit kein Enkelkind in Sicht.»

«Was ist schlecht daran?»

«Alles, aus Sicht der Mutter!»

«Aber wenn meine Freundin genau dieses Leben wählt, weil sie es gut findet? Welches Recht hat die Mutter, ihre Wahl zu mißbilligen?»

«Mütter haben selbst keine Wahl. Sie haben Schuldgefühle. Jede kontroverse Entscheidung, die das Kind trifft, ist eine persönliche Katastrophe, denn sie beweist, daß man als Mutter versagt hat. Vielleicht hat sie ihr Herzblatt einmal zu spät vom Kindergarten abgeholt, es zu Unrecht angebrüllt und sich danach nicht entschuldigt. Vielleicht hat das Engelchen sie als Schulkind beim Sex überrascht, oder sie hat insgeheim den kleinen Bruder bevorzugt. Vielleicht denkt sie, sie habe ihr Augäpfelchen falsch ernährt und es auf die verkehrten Schulen geschickt. Die Liste der Fehler, die jede Mutter erstellen könnte, ist länger als das Telefonbuch von Mexico City. Das folgerichtige Ergebnis dieser Fehler ist – aus Sicht der Mutter – das verpfuschte Leben des Kindes. Du bist 35, hast keinen Mann, keine vernünftige Karriere, wohnst immer noch mit Ikea-Möbeln. Aus Sicht deiner Mutter ist das ein Desaster und ihre Schuld. Deine Mutter hat nur noch eine Chance, wie sie der ewigen Verdammnis entkommen kann: Sie muß einen Mann für dich finden. Es geht um ihr Seelenheil. Du spielst nur eine untergeordnete Rolle. Nimm die Kuppeleien nicht persönlich, sei nett und bestimmt und zeige ihr, wie wahnsinnig glücklich du bist. Dann wird sie schon aufhören, dir Männer aufzudrängen.»

«Das ist doch alles Theorie und Quatsch. Stell dir bloß mal die Praxis vor: Das Telefon klingelt. Es ist deine Mutter. Du hattest einen wunderbaren Tag und erzählst ihr davon: Wie du das Perpetuum mobile erfunden, den Gordischen Knoten gelöst, den ultimativen Impfstoff gegen Schnupfen gemixt und das Schachgroßmeisterturnier gewonnen hast. Da unterbricht deine Mutter dich plötzlich und sagt: ‹Siehst du eigentlich diesen Neffen des Russischen Botschaftsangestellten noch, den ich dir vor drei Wochen vorgestellt habe?› Das ist doch zum Ausflippen, oder etwa nicht?»

«Die Wahrheit?»

«Lieber nicht.»

Linda, die 54jährige Geschäftsfrau mit dem selbstverdienten Luxusleben, kennt Utes Problem, regt sich jedoch nicht mehr darüber auf.

«Meine Mutter ist über 80. In ihren Augen bin ich eine Versagerin, denn ich habe keinen Mann an meiner Seite. Da helfen auch keine Millionen. Ich habe ihr ein Haus gekauft und bezahle ihre Rechnungen und Urlaube. Dennoch hat sie immer noch aufrichtig Mitleid mit mir und macht daraus kein Hehl. Ihrer Generation wurde noch eingeimpft, daß eine Frau einen Mann braucht. Daran glaubt sie wie an das Himmelreich. Ich lächle nur. Sie meint es gut, sie kann nicht anders, und ich kann sie nicht mehr ändern. Meine Töchter sind beide glücklich verheiratet. Ich bin froh darüber. Wären sie Singles, würde ich mir mehr Sorgen um sie machen. Warum? Ich kann keinen logischen Grund dafür finden. Es ist eine instinktive Sorge.»

Maria, 39, Journalistin, macht ganz andere Erfahrungen.

«Meine Mama ist stolz auf mich. Sie hat mich noch kein einziges Mal damit genervt, daß sie in meiner Gegenwart kleinen Kindern hinterherseufzt oder bei Stadtbummeln vorm Brautmoden-Schaufenster mit Tränen der Rührung in den Augen erstarrt. Sie sagt immer: ‹Sei froh, daß du tun und lassen kannst, was du willst, und niemanden hast, der dich zurückhält.› Sie beneidet mich um meinen Lebensstil, meine Unabhängigkeit und vor allem um meine Reisen. ‹Du hast es gut!› ruft sie dann und strahlt. Ich bringe ihr von allen Trips Fotos mit und erzähle ihr jede Begegnung haarklein. Dann hat sie das Gefühl, sie wäre dabeigewesen. Ich führe das bunte Leben, von dem sie immer geträumt hat in ihrer mausgrauen Kleinstadtehe. Sie sieht mir dabei bewundernd zu und freut sich, daß ihr Traum endlich verwirklicht wurde, und dann noch von ihrer Tochter, der sie alles von Herzen gönnt.»

Auch Marias Mutter will das Beste für ihr Kind. Zufällig

verstehen beide darunter dasselbe: ein Single-Leben, das zwischen Hongkong und Johannesburg, auf Modenschauen und Opernbällen glanzvoll und majestätisch dahinfließt wie der Nil. Mal sehen, wie die Mutter reagiert, wenn das Kind eines Tages Mr. Right begegnet und ihn partout heiraten will. Oder schlimmer: Wenn Maria hemmungslos einem portugiesischen Fischer verfällt und ihm das Jawort gibt.

Auch Marias Mutter wird dann Mittel und Wege suchen, ihr Baby auf den rechten Pfad – aus ihrer Sicht – zurückzuführen. Dieses Verhalten liegt in der Natur der Beziehung. Es ist zutiefst irrational und menschlich und verdient, liebe Kinder, uneingeschränkte Nachsicht.

Hauptsache Freundinnen

Warum die beste Freundin zwar kostbar ist, jedoch nicht unbedingt ein Juwel.

Sie ist die Frau, die immer für uns da ist. Sie versteht uns, selbst wenn wir schweigen. Sie spendet Trost und Freude. Sie ist hilfreich, gut und großzügig. Wenn wir an sie denken, wird uns warm ums Herz, und wir seufzen selig: «Danke, daß es dich gibt!» Wer ist sie? Katholiken ahnen es: Es ist die gebenedeite Maria, die Mutter Gottes. Wer hier etwa spontan an «die beste Freundin» dachte, dem mangelt es an Realitätssinn: Die Freundin, selbst die allerbeste, die als nie versiegende Quelle der Freude, Weisheit, Kraft und Liebe daherkommt, ist ebensowenig echt wie die «Rama»-Familie aus der Werbung.

In Wirklichkeit lügen sogar die allerbesten Busenfreundinnen gelegentlich. Mit Schweißperlen auf der Stirn und unsicherer Stakkatostimme sagen sie etwa: «Ich hab dich nicht zurückgerufen, der Akku meines Handys war nämlich alle.» Manchmal betrügen sie uns sogar. Meine beste Teenagerfreundin knutschte prinzipiell alle Jungs, an denen ich interessiert war – was ich nur ihr allein unter dem strengsten Siegel der Verschwiegenheit anvertraut hatte – vor meiner Nase ab. «Ich habe mich ja gewehrt, so gut es ging, aber er sprang mich förmlich an. Hast du das nicht gesehen?» fragte sie jedesmal. Hatte ich nicht, im Gegenteil, ich war mir sicher, daß sie es war, die gesprungen war. Ich zweifelte jedoch bereitwillig an meiner Wahrnehmung, weil mein Blick von Tränen verschleiert war und weil ich damals noch glaubte, daß beste Freundinnen einander nicht anlügen. Ich liebte sie und bin ihr bis heute nicht böse.

Die meisten Freundinnen sind außerdem launisch – «Was issn?» – «Nix.» – und auf ihre ganz persönliche Art ignorant oder arrogant oder beides: Sie haben Wissenslücken an peinlichen Stellen, oder es mangelt ihnen an Geschmack und Stil. Eine meiner Freundinnen hält Alanis Morissette und Céline Dion für begnadete Musikerinnen, eine andere trägt Hosenröcke und eine sogar Turnschuhe, und das außerhalb von Sportplätzen.

Die meisten Freundinnen wünschen sich, ein wenig hübscher, klüger und charismatischer zu sein als wir selbst. Damit sie neben uns glänzen können und wir in ihrem Schatten stehen müssen. Freundinnen sind Frauen wie du und ich.

Freundinnen spielen eine Hauptrolle in unseren Seelendramen und -komödien. Ohne sie liefe unser Leben ab wie ein Film mit nur einer einzigen Schauspielerin: Vorhersehbar bis ins letzte Detail und schmerzhaft langweilig. Nur handverlesene Cineasten wissen solche Filme zu schätzen.

Alle anderen, besonders aber Singles, treibt allein die Vorstellung, nur nützliche berufliche oder gesellschaftliche Kontakte zu haben – also Kollegen und Bekannte – an den Rand der Verzweiflung: Sie brauchen Freunde. Zur Unterhaltung, für kluge und saublöde Dialoge, für Sport, Spiel und Spannung, für Überraschungen und Rituale, für Kopf, Herz und Seele. Paare haben in ihrem Film automatisch Dialoge und Sexszenen und, wenn sie sich Mühe geben, auch Spaß. Für ein Paar sind Freundin oder Freund Kür, für Singles dagegen Pflicht. Singles haben zudem mehr Zeit und Freiheit, eine Freundschaft zu pflegen.

Wenn ich über Nacht bleibe, weil das Gespräch mit meinem Freund sowieso bis zur Morgendämmerung gedauert hat, hat zu Hause niemand in meiner Abwesenheit aus Eifersucht ein Kettensägenmassaker angerichtet. Ich kann drei Stunden lang mit Indien telefonieren, wo meine Freundin seit einiger Zeit lebt, ohne daß jemand an der Rechnung herummäkelt. Ich habe Zeit, mit dieser die Bretonische Filmwoche zu besuchen, mit jenem zum Angeln in die Wildnis zu fahren und natürlich für Erste-Hilfe-Maßnahmen im Fall eines frisch gebrochenen Herzens. «Ich kann nicht kommen, Hugo hat Nasenbluten», diesen Satz bekommen meine verzweifelten Freunde niemals zu hören. Oder, anders gesagt: Singles stecken ihre Liebe nicht in eine Partnerschaft, sondern in Freundschaften. Darum sind ihre Freundschaften enger, dramatischer, lustiger, wichtiger. Männer, die sich mit Freundschaften ohnehin oft schwertun, weil sie instinktiv der Beste und Größte sein müssen und kein zweites Alphamännchen neben sich dulden, neigen allerdings dazu, eine bequeme Partnerschaft gegen die mühsamer scheinende Freundschaft einzutauschen.

Karl, 42, erzählt: «Ich habe nur einen Freund, den ich seit dem Studium kenne. Wir sind zusammen in Urlaub gefahren, haben gebüffelt und sind auf die Piste gegangen. Neben dieser Kumpelebene haben wir auch über alle möglichen Dinge gesprochen. Probleme, Ängste, Wünsche, unsere Eltern – alles. Seit vier Jahren ist er verheiratet und wohnt mit Frau und Baby ein paar Häuser entfernt. Seither sehen wir uns kaum noch. Er hat keine Zeit mehr, mich allein zu treffen. Und seine Frau – ich kann nicht recht etwas mit ihr anfangen. Außerdem würde ich in ihrer Gegenwart nicht über wirklich wichtige Themen reden. Wir sind nach wie vor Kumpels. Wenn ich Hilfe bräuchte, wäre er für mich da und umgekehrt. Aber diese enge Verbindung, die wir vor seiner Ehe hatten, die besteht nicht mehr.»

Auch Frauen entscheiden sich oft gegen ihre Freunde und für den Mann. Sie verlieben sich und verschwinden auf Wolke sieben, auf der es weder Telefone noch Briefkästen gibt. Verliebte brauchen keine Freunde, nicht einmal verliebte Singles – was ihnen gute Freunde nach jeder Bruchlandung aufs neue großherzig verzeihen, wenn sie ihnen entsprechend um den Bart streichen. Mit Blumensträußen, die sie ihnen ins Büro schicken, mit Kinokarten oder der Einladung zur gemeinsamen Maniküre. Beleidigte Freunde verlangen jede Menge Aufmerksamkeit. Singles können sie ohne weiteres aufbringen – gebundene Frauen nur, wenn der Partner erwachsen ist und damit leben kann, einmal nicht im Mittelpunkt zu stehen. Was seltener vorkommt, als man meinen sollte.

Warum aber braucht eine Frau eine Freundin, reicht nicht auch ein Freund? Nein. Selbst eine Horde Männer rettet ein Frauenleben nicht davor, in graue Langeweile abzugleiten oder bedeutungslos an aalglatten Oberflächen entlangzugleiten. Männer haben ihre eigenen Themen, für die wir uns nicht wirklich interessieren. In ihren Filmen versuchen behaarte Muskelpakete, U-Boote zu retten, Raumschiffe zu zerbomben oder Züge zum Entgleisen zu bringen. Wollen wir uns das wirklich ansehen? Mit wem soll unsereins sich dabei identifizieren? Mit wem sollen wir mitfühlen?

PMS, Menopause und Preßwehen – Regionen rund um den Uterus interessieren Männer nur dann, wenn sie Gynäkologe sind, Chefredakteur einer Frauenzeitschrift oder frisch gebackener Vater. Mit Klagen darüber, auf Konferenzen überhört, vom Fitneßtrainer unterschätzt oder von dem verheirateten Fettkloßkollegen mit Mundgeruch angemacht zu werden, können Frauen sich nur an Frauen wenden, wenn sie auf Mitgefühl und Interesse hoffen. Männer neigen dazu, einander zu verteidigen. «Du hast ja auch so eine leise Stimme», sagen sie womöglich. Oder: «Vielleicht macht er dich ja gar nicht an, sondern ist nur freundlich.» Sie stürzen uns in unnötige Selbstzweifel: Als läge es an unseren Stimmbändern, daß die Herren Wichtigtuer am liebsten nur sich selbst tönen hören! Als sei es ein gängiger Ausdruck von Freundlichkeit, dem Gegenüber penetrant in den Ausschnitt zu starren! Eine Krähe hackt der anderen nun mal kein Auge aus.

Wachs, Klinge oder Laser – wie kriegt man die verdammten Haare von der Wade? Paßt Grün nun zu Blau, oder was? Sind 500 Mark für ein Paar Ohrclips aus Straß immer zu teuer oder ist das Paar beim Juwelier eine Ausnahme? Ist es Bulimie, wenn man nur zu Weihnachten oder an Geburtstagen nach dem Essen den Finger in den Hals steckt? Haben Männer dazu etwas Substantielles zu sagen? Ausgewählte Männerfreunde schon. Sie liefern geistreiche Kommentare und kritische Distanz. Sie sind auf ihre Art unersetzlich. Aber sie sind keine Freundin, die uns etwas viel Wertvolleres gibt: das Gefühl, nicht allein zu sein mit unseren Zweifeln, Desastern und Anomalien.

Ein aufrichtiges und glaubwürdiges «Mir geht's genauso!» kann nur von einer Frau kommen. Kein Satz muntert mehr auf und spendet größeren Trost – ausgenommen vielleicht: «Alles geht auf meine Rechnung!» und «Du hattest ja so recht!»

Freundinnen gestehen einander Straftaten, Perversionen, Neurosen und Psychosen. Sie finden Gemeinsamkeiten an ungeheuerlichen Stellen. Wer eine Freundin hat, weiß darum, daß nicht nur sie nur deshalb außerhalb einer geschlossenen Anstalt lebt, weil sie sich zusammenreißt oder sich nicht erwischen läßt. Nach dieser Erkenntnis können wir schlechtes Gewissen und Schuldgefühle beruhigt ablegen, aufatmen und unsere Kraft für Wichtigeres einsetzen. Etwa dafür, rundherum großartig zu werden oder reich und berühmt.

Die Malerin Georgia O'Keeffe sagte einmal: «Ich spüre, daß es etwas Unerforschtes im Wesen der Frauen gibt, das nur Frauen erforschen können.» Demnach gilt: Wir brauchen eine Freundin, um herauszufinden, wer wir sind. Wer sich für das Ergebnis nicht interessiert, hat wenigstens jede Menge Spaß bei der Suche. Der Weg ist, wie so oft, das Ziel.

Obwohl die Freundin der teure Superstar ist, der das Leben, vor allem das Leben allein, zu einem Erfolg macht, ist sie gleichzeitig auch manchmal die Pest. Weil sie ja weder heilig noch blöd ist, weiß sie, daß es nicht ihre Aufgabe ist, unser Leben leichter zu machen. Also weilt sie prinzipiell mit ihrem neuen Lover in Paris, wenn wir überraschend gefeuert werden. Wir müssen mutterseelenallein auf dem Fenstersims balancieren, von dem wir uns in die Tiefe stürzen wollen. Wir starren in den Abgrund und sehen sie vor uns: wie sie sich nackt auf dem Seidenlaken rekelt und sich Crème Brûlé aus dem Bauchnabel schlecken läßt. Vielleicht hat sie uns sogar ihre Telefonnummer hinterlassen im Hôtel D'Amour. In diesem Fall rufen wir sie sofort an, um sie zu stören. Allerdings werden wir eher nicht genau wissen, wo sie steckt, denn sie kennt uns.

Falls wir sie tatsächlich erreichen, um ihr die Katastrophe zu berichten, ist es sehr wahrscheinlich, daß sie ausschließlich dummes Zeug plappert, weil ihr Gehirn aufgeweicht ist von einer Überdosis Wonne: «Mach dir nix draus, es gibt Wichtigeres im Leben als den Job, komm doch auch nach Paris, hier ist das Leben lustig und leicht!»

Während wir in die Leitung schluchzen, wird sie versuchen, uns mit Details über die sexuellen Eigenheiten ihres neuen Liebhabers aufzuheitern: «Stell dir vor, er niest beim Orgasmus. Hast du so was schon mal erlebt?» Das ist der Moment, in dem wir vehement mit Selbstmord drohen. Und sie, die beste Freundin, wird etwas in der Richtung sagen wie: «Verdirb mir bloß nicht mein Wochenende mit einem Blutbad. Trink jetzt eine Flasche Wein und geh ins Bett. Ich ruf dich morgen an.»

Natürlich wird sie nicht anrufen.

Freundinnen können nicht nur taub sein für unsere Probleme und bei ihrer Lösung etwa so hilfreich wie ein Bunsenbrenner bei Sonnenbrand – einige sind sogar neurotische Miststücke. Sie haben Sex mit unseren Vätern und reden uns ein, wir seien spießig, wenn wir vor Entsetzen in

Ohnmacht fallen. Sie schulden uns seit drei Jahren 5000 Mark und beschimpfen uns als habgierig, wenn wir sie daran erinnern. Sie lassen die Katze halb verhungern, die wir ihnen während des Urlaubs zur Pflege anvertraut haben, und überreichen uns eine Rechnung für ein neues Sofa, weil das Tier das alte angeblich zerfetzt hat. Sie weigern sich strikt, uns theoretisch eine Niere zu spenden. Sie vergessen den Geburtstag und werfen uns vor, daß wir ihren vergessen haben.

Die beste Freundin ist fast nie der beste Mensch, den wir kennen. Sie ist vielmehr der Mensch, dem wir am meisten verzeihen. Wesentlich mehr als jedem Mann. Sie ist unpünktlich? Okay. Er ist unpünktlich? Dieser gemeine Versager. Sie verschwindet drei Wochen lang spurlos? Sie wird ihre guten Gründe haben. Er verschwindet drei Tage lang? Schwein. So nicht. Es ist aus.

Die Toleranz ist verständlich: Die Freundin ist unser Ebenbild. Da wir selbst einigermaßen vertrauenswürdig und durchschaubar sind, ist sie es auch. Wir wissen, was wir tun, darum wissen wir, was sie tut. Wir können es zwar nicht immer gutheißen, aber immerhin billigen. Männer dagegen sind ganz anders. Sie haben dieses Ypsilon-Chromosom – womit sie, rein genetisch, weniger mit uns verwandt sind als jede Schimpansin, deren DNS unserer zu über 99 Prozent gleicht. Auch Männer stehen, so gesehen, Schimpansen näher als uns Frauen. Die Ursache für mehr Intoleranz und Skepsis dem anderen Geschlecht gegenüber liegt daher auf der Hand.

Was ist es nun, das eine Freundin zur besten Freundin veredelt? Gibt es sie wirklich, oder gehört sie in die «Rama»-Ecke, gleich neben die Jungfrau Maria? Nachdem ich etwa ein Dutzend Frauen danach befragt hatte, kam ich mir vor wie der Inspektor in einem Edgar-Wallace-Krimi nach der Vernehmung eines Haufens verlogener Zeugen: genauso schlau wie vorher. Alle Frauen einigten sich zwar darauf, eine beste Freundin zu haben. Nicht wenige behaupteten, allen Regeln der Logik zum Trotz, sie hätten sogar mehrere beste Freundinnen. Sämtliche Versuche, diese Frau näher zu beschreiben, führten jedoch zu absurden Widersprüchen. Einige sehen ihre beste Freundin täglich, andere nur einmal im Jahr. Einige erzählen ihrer besten Freundin alles, andere nicht. Einige streiten sich mit ihrer besten Freundin ständig, andere nie.

Die «beste Freundin» ist demnach ein ebenso undefinierbares Phänomen wie «Liebe» oder «Gott»: Alles deutet darauf hin, daß es existiert, aber niemand kann es allgemeingültig beschreiben. Wer fest daran glaubt, wird selig: Eine beste Freundin – oder mehrere – zu haben beschreiben alle befragten Frauen als besonderes Glück.

Freundschaft basiert auf Vertrauen, Nähe, der Vorliebe für portugiesische Spitzenklöppelei, der Abneigung gegen Atomkraftwerke oder auf der gemeinsamen Erfahrung, mit Klaus-Dieter geschlafen zu haben. Es sind Freundinnen, die wir auch ohne Grund ein wenig lieber haben als andere Freundinnen.

Freundschaften sind Liebesbeziehungen ohne Sex und ohne das zwanghafte Bedürfnis, eine Wohnung zu teilen und gemeinsam in Urlaub zu fahren. Daher ist das Krisengebiet kleiner als in einer Partnerschaft – die Krisen selbst jedoch nicht.

Freundinnen sind oft die größten Quälgeister, denn gerade sie sagen uns Wahrheiten, die wir nicht überhören können. «Du trinkst zuviel und wirst immer dicker.» Ein messerscharfer Satz, den nur eine Mutter wagt oder eine Freundin. Kommt er von der Mutter, kann er ganz leicht abgetan werden. Kommt er von der Freundin, trifft er.

Freundinnen sind besonders unbequem. Sie erzählen uns 400mal die Geschichte vom treulosen Lover. Wir kennen bereits alle Nuancen. Wir sprechen die Sätze für sie zu

Ende. Wir können sie nicht einfach rausschmeißen und sagen: «Ruf mich wieder an, wenn du darüber weg bist!» Sie hat das Recht, unsere Zeit zu verschwenden. Sie würde dasselbe für uns tun. Sie ist die Freundin.

Weil Freundinnen uns sehr nahestehen, kennen sie aber auch unsere Wunden genau. Da sie keine Heiligen sind, greifen sie gelegentlich zum Salzstreuer – und wir selbst sind auch nicht ohne. Wir streiten. Danach schweigen wir uns eisig an, für immer und ewig. Das heißt: Bis wir einander wieder anrufen, aus allerbester Freundschaft, die stärker ist als Wut oder Stolz.

«Meine beste Freundin, die ich aus dem Sandkasten kenne, ist inzwischen verheiratet und hat fünf Kinder. Neulich habe ich meinen teuren orange-gelb-roten Cashmere-Schal bei ihr vergessen. Ich fand ihn im Bett der Dreijährigen wieder, als vollgesabberte, zerbissene Schmusedecke. Sie hatte ihn der Kleinen gegeben, weil er so weich und bunt war. Sie kam gar nicht auf die Idee, daß es sich um einen Wertgegenstand handelte. Als ich ihr den Preis nannte, sah sie mich mitleidig und besorgt an. Es folgte unser typischer Müsli-Yuppie-Streit. Er ist jedesmal wieder verletzend, aber auch heilsam für uns beide. Er erinnert sie daran, daß es mehr im Leben gibt als Mann und Kinder, und mich, daß es mehr im Leben gibt als Erfolg im Beruf. So retten wir immer wieder füreinander unsere Seelen», erzählt Merle.

«Meine beste Freundin hat die widerliche Angewohnheit, meine Schicksalsschläge als erstes daraufhin abzuklopfen, ob sie nicht vielleicht eigentlich erfreuliche Überraschungen sind. Motto: ‹Du hast dir das Bein gebrochen? Was gibt es denn da zu heulen? Du Glückliche kannst dich den ganzen Tag in die Sonne legen und gute Romane lesen – wolltest du das nicht ohnehin machen?› Widerlich sage ich, denn diese Haltung provoziert mich! Sie soll mich gefälligst trösten, mit mir gemeinsam Schuldige suchen und die dann hassen. Statt dessen bringt sie mich mit ihrem Optimismus jedesmal völlig aus dem Konzept. Also schmolle ich. Dann wird sie wütend, weil ich mich aus ihrer Sicht wie eine Memme aufführe, die sich von Kleinkram aus der Bahn werfen läßt. Meistens stelle ich nach kurzer Zeit fest, daß sie mit ihrer Sicht zumindest teilweise recht hat. Ich vergebe ihr nicht nur – was eigentlich? –, sondern bin ihr sogar dankbar. Ohne sie hätte ich einige gute Dinge in meinem Leben regelrecht übersehen», erzählt Ruth.

«Meine Freundin lebte plötzlich mit einem stumpfsinnigen Zuchthengst zusammen, der die schlechte Angewohnheit hatte, täglich Steaks zu braten, so daß ihre Wohnung und Garderobe nach wochenaltem Fritierfett stanken. Als sie all meine subtilen Andeutungen überhörte, daß diese Liaison nicht nur in jeder Weise unter Niveau sei, sondern auch rein olfaktorisch untragbar, und sogar anfing, diesen brünstigen Bräter zu verteidigen, zog ich mich zurück. Ich wußte, sie würde wieder zur Vernunft kommen. Ich würde ihr danach, klar, eine neue Chance geben – außer im Falle einer Heirat. Diesen Fehler hatte sie schon einmal gemacht, denselben würde ich ihr nicht noch einmal vergeben. Nach einigen Wochen rief sie kleinlaut an, stammelte verschämt etwas von ihrer schweren Kindheit in den Hörer, der sie die Schuld für ihre irrwitzige Wahl gab: Minderwertigkeitsgefühle; das überhöhte Bedürfnis, geliebt zu werden, egal von wem; ein getrübter Realitätssinn bei der Beurteilung von Menschen. Wir haben uns sofort wieder über die vermeintlichen Ursachen totgelacht, wie früher. Ohne mich würde sie diesen Psychoquatsch ernst nehmen und ihr Leben mit Selbstzweifeln verplempern – oder dauernd Idioten heiraten», erzählt Margot.

Die meisten Frauen seufzen, wenn man sie nach der Freundin fragt – und zwar nicht unbedingt selig.

Johanna seufzt, weil sie ein schlechtes Gewissen hat: «Seit

zwei Jahren jammert sie mir die Ohren voll über ihren langweiligen Job. Ich kann es nicht mehr hören, vor allem, weil das Geheule ja nirgendwo hinführt: Weder sieht sie sich nach neuen Stellen um, noch redet sie mit ihrer Chefin über Möglichkeiten, in der Firma eine andere Position zu bekommen. Wie oft haben wir das alles durchgekaut? Ich will nicht mehr! Ehrlich gesagt, ich gehe ihr aus dem Weg. Natürlich merkt sie das und meidet mich ebenso. Wir sind beide zu feige für ein Grundsatzgespräch und lassen die Zeit für uns arbeiten. Wir sehen uns seit Monaten kaum noch und telefonieren fast gar nicht mehr. Ich unternehme statt dessen viel mit anderen Frauen. Natürlich bleibt sie trotzdem meine beste Freundin, die blöde Kuh.»

Sabine seufzt, weil sie sich nicht entscheiden kann: «Ich weiß nicht, wer meine beste Freundin ist. Meine Kindheitsfreundin, an die ich oft sehr liebevoll denke, die ich jedoch seit Jahrzehnten nicht mehr gesehen habe? Oder meine Kollegin, ohne deren Humor ich den Job keine Woche lang ertragen könnte? Oder meine beiden Freundinnen, mit denen ich meistens die Wochenenden verbringe? Ich glaube, ich habe keine beste Freundin, denn keine der Frauen würde ich nachts um drei aus dem Bett klingeln, um ihnen etwas vorzuweinen, und das ist doch der Test, oder? So gesehen wäre meine große Schwester meine beste Freundin. Allerdings ist sie so unglaublich anders, ganz die gute Ehefrau und Mutter mit Eigenheim und Hund. Und sie nimmt mich immer noch nicht richtig ernst. Auch nicht gerade die beste Voraussetzung für eine tiefe Frauenfreundschaft. Es wäre mir lieber, wenn ich sagen könnte: ‹Sie ist es, meine beste Freundin.› Denn das klingt nach schönen Sachen, wie Sicherheit und Zusammengehörigkeit. Das klingt fast wie ‹mein Mann›.»

Anna seufzt, weil sie kurz vor dem Verlust steht: «Meine beste Freundin zieht bald weg. Tolles Job-Angebot, das sie nicht ausschlagen kann. Ich habe ihr dringend zugeraten.

Ich vermisse sie jetzt schon. Wir werden telefonieren und uns besuchen und uns sicherlich ewig liebhaben. Aber ich werde ihr nie wieder zufällig auf der Straße begegnen – in genau dem gleichen neuen Pulli wie ich. Ich werde nicht mehr als erste einen potentiellen ‹Traummann› auf hohle Stellen abklopfen dürfen. Und wer wird meine eigenen Eroberungen begutachten? Wir werden nicht mehr an einem gewöhnlichen Montagabend zusammen auf ihrem Bett sitzen, Löffelbiskuits in Eierlikör tauchen und Doris-Day-Filme gucken. So was finde ich doch nie wieder!»

Martha seufzt, weil sie sie bereits verloren hat: «Sie ist vor acht Jahren gestorben, 72 Jahre war sie alt. Wir gingen zusammen zur Schule. Dann wurde sie meine Schwägerin. Wir sind zusammen ausgesiedelt. Wir waren nach dem Krieg hamstern bei den Bauern. Mir war es so peinlich zu betteln. Ohne sie hätte ich mich nicht getraut und wäre vielleicht verhungert. Wir haben soviel zusammen erlebt. Wie die Kinder groß geworden sind. Wie wir die Häuser gebaut haben. Den Tod unserer Männer. Geredet haben wir nie viel. Wir haben aber viel füreinander getan, uns geholfen, im Garten, im Haushalt, mit den Kindern, als sie klein waren. Und sie hat so gern gelacht.»

Sandra seufzt, weil sie sich Sorgen macht: «Yvonne hängt in letzter Zeit dauernd mit dieser Karla herum und ist auf irgendwelchen Trips. Ich weiß nicht, wie ich an sie herankommen soll. Ich bin schließlich keine Therapeutin. Andererseits fühle ich mich irgendwie doch verantwortlich für sie. Ich kenne sie, seit ich denken kann. Wenn ich ihr nicht helfe – wer denn sonst?»

Yvonne lebt seit etwa zwei Jahren allein. Sie ist unglücklich, nicht, weil sie Single ist und lieber einen Mann hätte, sondern weil sie ihre Zeit und Kraft immer noch hauptsächlich damit vergeudet, ihren Exmann zu hassen. Sandra, die Kindheitsfreundin, die immer allein gelebt hat, hat darauf ganz pragmatisch reagiert: «Ich bin mit Yvonne ausgegangen, wir haben über Gott und die Welt geredet, wir haben ihre Wohnung renoviert – aber ich habe mich von Anfang an geweigert, mit ihr ständig über ihre gescheiterte Ehe zu sprechen. Was bringt es denn, diesen Mann zu beschimpfen und wieder und wieder alte Geschichten wiederzukäuen? ‹Sei froh, daß du ihn los bist, und genieße dein neues Leben›, habe ich bloß gesagt. Aber das wollte sie wohl nicht hören.»

Vor etwa einem Jahr lernte Yvonnes Kind Karlas Kind kennen. Kurz darauf waren die Mütter unzertrennlich.

Karla hört gern zu, wenn Yvonne ihren Exmann verwünscht. Sie trocknet Tränen und spornt an und spendet billigen Trost. Sie hat sogar ganz neue schlechte Seiten an ihm gefunden: Womöglich steckte mehr als Tierliebe dahinter, als er die Schäferhündin ins Haus brachte?

Karla geht es miserabel, aber Yvonne ist noch ein wenig schlechter dran. Karla, die vor Yvonne nur «Bekannte» hatte, ist außerdem von der Nähe überwältigt: «Wir haben keine Geheimnisse voreinander. Wir erzählen einander alles! Wir brauchen weder die Schlafzimmer- noch die Klotür voreinander zu schließen.»

Karla und Yvonne treffen sich fast jeden Abend, wenn die Kinder schlafen, in Yvonnes Single-Wohnung. Am Wochenende, wenn die Kinder bei den Großeltern oder Vätern sind, gehen die beiden aus und haben Spaß. Das bedeutet: Sie fluchen auf ihre Männer im besonderen und auf alle anderen im allgemeinen. Dabei hängen sie an einer Bar, trinken Wodka und Bier und rauchen alles, was sich in Papier rollen oder in Pfeifen stopfen läßt. Wenn es besonders lustig zugehen soll, wenden sie sich an den Koksdealer von nebenan, der zwei, drei Zentimeter Glück für zwei-, dreihundert Mark verkauft.

Yvonne kann sich das locker leisten. Sie ist eine erfolgreiche Geschäftsfrau im Betrieb ihrer Eltern. Ein sicherer Posten, auch wenn man montags prinzipiell unpäßlich ist und freitags gern um zwei Feierabend macht.

Karla bildet sich inzwischen ein, sie habe eine Affäre mit einem reichen Pelzhändler. Yvonne glaubt ihr als einzige jedes Wort: den Loft, den er für sie umbauen läßt, den geplanten Urlaub auf der Yacht. Den heißen Sex, während das Kind in der Schule ist.

Yvonne und Karla haben «Sissy» erfunden. «Sissy» ist eine unwiderstehliche, 28jährige Blondine mit sechsstelligem Einkommen und unaussprechlichen sexuellen Vorlieben. Sie ist ein virtuelles Wesen und lebt im Cyberspace. Dort bekommt sie pro Tag etwa vier Einladungen zum Abendessen und den einen oder anderen blinden Heiratsantrag. «Männer sind alle Widerlinge und müssen bestraft werden», zischt Karla, während sie an Sissy feilt und sie per Tastatur aussendet, um in Chat-Rooms Männer zu morden. «Ich möchte, daß sich möglichst viele in Sissy verknallen. Und dann bricht sie ihnen das Herz.» Karla schüttelt sich vor Vergnügen. Yvonne lacht mit. Währenddessen denkt Sandra schon darüber nach, mit der Drogenberatungsstelle zu sprechen. Sie sagt: «Ich habe mit Yvonne gute Zeiten erlebt. Jetzt ist eine schlechte gekommen. Ich kann sie nicht einfach verlassen wie einen Ehemann. Ich bin doch ihre Freundin! Das gilt für ewig.»

Ute seufzt vor Glück, wenn sie von ihrer besten Freundin spricht: «Wir haben uns noch nie gestritten, wir kennen uns ja erst knapp ein Jahr. Wir haben uns bei Bekannten kennengelernt, auf einer Geburtstagsparty. Wir sahen uns, kamen ins Gespräch und mochten uns sofort. Bereits im Laufe des Abends stellten wir unglaubliche Gemeinsamkeiten fest: Wir haben an denselben Orten Urlaube verbracht. Wir wurden im selben Alter von der Schule geworfen. Wir waren beide mit derselben Art von Mann verheiratet und erlebten praktisch identische private und berufliche Niederlagen und Erfolge. Wir haben im Laufe unseres Lebens sehr ähnliche Situationen erlebt, aber meistens sehr unterschiedlich reagiert – was endlosen Gesprächsstoff liefert.

Ich schmiß nach der Trennung meine Karriere hin, sie dagegen startete durch. Wenn ich leide, dann weine ich zu Hause vor mich hin, wenn sie leidet, dann schmeißt sie eine Party. Ich trage nur Schwarz und versuche, geheimnisvoll, mager und düster auszusehen, sie ist ein bunter Wonneproppen. Wir leben beide gern allein. Ich, weil ich Männer nicht leiden kann und eigenbrötlerisch bin. Sie, weil sie sich nicht für einen Mann entscheiden will und viel zu kontaktfreudig ist, um in einer Beziehung dahinzuwelken. Wir sind sozusagen auf unseren Gegenpol gestoßen: Vertraut und dennoch Neuland. Wir sind zwei Seiten derselben Münze. Mal schauen, was wir damit anfangen können.»

Lisa sagt: «Meine Mutter muß ich schonen. Bei meinen Kollegen muß ich taktieren. Bei meinen Bekannten muß ich mich anständig benehmen. Bei Typen, die mir gefallen, muß ich den Bauch einziehen, bei den anderen die Krallen ausfahren. Meine Freundin ist der einzige Mensch, bei dem ich gar nichts muß. Wenn ich mit ihr zusammen bin, bin ich eine Schauspielerin auf Urlaub.»

Nina erzählt: «Wir haben neulich gemeinsam das Kleid der Kleider entdeckt. Die Verkäuferin fragte mich, in welcher Größe ich es anprobieren wollte. Ich sagte 42. Meine Freundin sagte: ‹Quatsch. 42 war früher. Jetzt bist du eine glatte 38.› Der Satz bewirkte ebensoviel wie ein Jahr Therapie. Nur eine Freundin kann so einen Satz sagen: genau den richtigen, zur genau richtigen Zeit. Dann lichtet sich ein Nebel, und wir sehen die Welt – klarer.»

«Jeder Freund steht für eine Welt, die in uns steckt, eine Welt, die ohne ihn vermutlich nicht zum Vorschein käme; nur durch die Begegnung mit einem Freund kann eine neue Welt entstehen», schrieb Anaïs Nin.

Eine neue Welt muß nicht zwangsläufig schön sein. Eine gute Freundin muß nicht zwangsläufig gut sein. Aber meistens ist sie das Beste, was es gibt auf der Welt.

Ein Freund, ein bester Freund ...

Warum Frauen einerseits heißen Sex mit ihrem besten Freund haben sollten, aber andererseits lieber doch nicht.

«Weißt du, warum Sonnen, Planeten und Monde einander umkreisen?» raunt Tim in mein Ohr. Er nippt am Whiskyglas und blinzelt mich herausfordernd an. Tim hat gütige, listige Augen. Ich könnte den ganzen Abend damit verbringen, in sie hineinzulächeln. «Klar weiß ich das», flüstere ich heiser und nehme einen Schluck kratzigen Rotwein. Ich kann nicht mehr länger an mich halten: Tim trägt einen dieser fusseligen, väterlichen Vollbärte, die sich Männer wachsen lassen, damit Frauen darin herumfummeln. «Bleib von meinem Bart weg», brummt Tim und haut mir auf die Finger. «Also, warum die Kreisbahnen?»

Tim und ich benehmen uns wie ein altes Ehepaar. Dabei sind wir kein Paar, nicht einmal ein angehendes. Für unser Treffen mußte ich weder die Bikinizone enthaaren noch das unwiderstehliche La-Perla-Set unterziehen. Auch Tim hat sich für mich keine Liebesmühe gemacht. Er riecht nach Wirklichkeit: okay, aber nicht zum Anbeißen. Wir sind Freunde. Bloß Freunde würde ich nicht sagen.

Wir kleben an einem schwarzen, strapazierten Holztresen, weil es ein zweiter Mittwoch im Monat ist, ein wichtiger Bestandteil unserer Freundschaft: Es ist der Abend, den wir füreinander freihalten, komme Gewitter, Interviewtermin mit Robert De Niro oder PMS-Syndrom.

Gemeinsam genießen wir unsere Vorliebe für nostalgische Orte wie diesen und erzählen uns rosarote Geschichten aus der guten alten Zeit, in der wir noch jung, links, radikal und leidenschaftliche Raucher waren.

«Wir rauchten sogar Bananenschalen, die wir mit Patschuliöl beträufelten!»

«Wir probierten es mit Waldmeister.»

«Und?»

«Wir kotzten ein wenig, sonst nichts.»

«Apropos kotzen: Ich hatte Größe 34 und kein Interesse an Mode. Ein Jammer! Heute würde ich wer weiß was dafür geben, um in ein John-Galliano-Outfit zu passen.»

«Magere Frauen sind häßlich wie Zwergpinscher. Und wer zum Teufel ist Tom Gallioni – einer dieser Frauenhasser, die euch hauptberuflich in die Bulimie treiben? Du bist genau richtig. Nimm bloß nicht ab.»

Genau das will ich hören. Tim findet immer die richtigen Worte. Ich könnte ewig mit Tim in seltsamen Bars herumhängen, die Welt erklären und Dr. Sommer spielen. Tim weiß etwa genau, wer zu mir passen würde. Er empfahl mir, einen introvertierten, älteren Astrophysiker zu probieren, denn der habe wenigstens Ahnung von Umlaufbahnen, und älter bedeute in dieser Berufsgruppe immer auch höheres Gehalt. Tim hat versprochen, mit mir den nächsten, leicht erreichbaren Kongreß zu besuchen.

Tim gibt mir auch Modetips, zwar unbrauchbar, aber lieb gemeint.

«Männer hassen Bodysuits, weil sie niemandem stehen, nicht mal Naomi Campbell. Und bloß nicht schminken. Schminke sieht eklig aus.»

«Glaubst du, Naomi ist nicht geschminkt?»

«Doch. Aber nur im Gesicht, und Naomis Gesicht sieht eklig aus.»

Tim bestätigt auch, was Freundinnen raten.

«Wenn du möglichst wenig Ärger und viel Spaß im Leben haben willst – bleib allein! Sogar ich, und ich bin ein Prachtkerl, bin als Partner überwiegend eine Zumutung. Frag meine Frau.»

Im Gegenzug habe ich Tim davon überzeugt, daß es

nicht albern, sondern romantisch ist, seiner Frau gelegentlich Blumen ins Büro zu schicken. Mit diesem Basiswissen, über das Frauen nur müde lächeln, stehe ich bei meinem Freund glatt als Beziehungsgenie da.

Wenn wir nicht «heitere Lebensberaterei» spielen, dann Doktor, und zwar so harmlos wie damals mit elf. Wir tun so, als interessierten wir uns sexuell füreinander. Wir sehen uns probeweise tief in die Augen und diskutieren dann den richtigen Abstand und die optimale Schlitzgröße für den intelligent-sinnlichen Schlafzimmerblick. Und ob er uns überhaupt steht. Und ob er nützlich ist. Oder wir benennen gegenseitig ehrlich, ganz ehrlich, körperliche Problemzonen und Katastrophengebiete.

Wir sind sozusagen befreundete Spione, die einander Geheimakten aus dem jeweils gegnerischen Lager zu lesen geben.

Tim und ich kennen uns seit rund zwei Jahren. Wir haben uns auf einer Journalistenparty kennengelernt. Es war Freundschaft auf den ersten Blick. Nach dem ersten «Hallo, wo arbeitest du, soll ich dir ein Glas Sekt holen?» haben wir uns mindestens eine halbe Stunde lang über römische Villen unterhalten, über Seneca und Vitruv und andere Themen, für die sich kein Mensch interessiert, außer er wird angemessen dafür bezahlt. Tim und ich stellten fest, daß wir beide im Laufe unseres Arbeitslebens unnützes Wissen derselben Art angehäuft haben. Endlich hatten wir jemanden gefunden, bei dem wir es abladen konnten, endlich machten die sinnlosen Namen, Daten und Ereignisse, die in unser Hirn eingebrannt waren, Sinn. Dieser jemand war zudem nett anzusehen und vom anderen Geschlecht.

Tim starrte mir natürlich in den Ausschnitt, während wir die Vor- und Nachteile von Compluvium und Impluvium gegeneinander abwogen. Er redete jedoch eindeutig nicht mit meinem Busen, sondern mit mir. Der Busen war lediglich eine erfreuliche Zugabe. Für mich kam er als potentieller Sexpartner ohnehin nicht in Frage. Erstens suchte ich keinen, zweitens hatte Tim schon damals diesen neutralisierenden Vaterbart, drittens lernte ich auf der Party auch seine Frau Katja kennen.

Katja könnte meine ältere Schwester sein, so ähnlich sehen wir uns. Sie haßte mich auf Anhieb. Ich mochte sie auf Anhieb. Da Katja eine ernsthafte politische Journalistin ist, die niemals in ihrem Leben Geld dafür bekommen hatte, daß sie sich für antike Atriumhäuser interessierte, konnte sie nicht mitreden. Sie stellte sich zu uns und versuchte, freundlich auszusehen.

Katja war nicht sehr überzeugend in der Rolle der toleranten Gattin. Ich hätte sie gern am Arm genommen und ihr versichert, daß sie ganz beruhigt sein könne. Aber sie sah aus, als würde sie mir dafür einen rechten Haken verpassen. Wir standen einige Minuten lang zu dritt herum. Tim und ich redeten und redeten, harmlos, vergnügt, aber nicht ausgelassen: Schließlich wollten wir beide Katja nicht verärgern, indem wir allzuviel Spaß miteinander hatten. Sie blieb stumm. Dann verschwand sie. Sie war eindeutig rasend eifersüchtig. Tim und ich tauschten wissende Blicke und Visitenkarten. Er holte Katja ein, nahm sie in den Arm und biß ihr ins Ohrläppchen. Katja war versöhnt. Die Szene bewies uns beiden: Tim ist ein guter Typ.

Seither telefonieren Tim und ich mehrmals pro Woche. Wir treffen uns zu Lesungen und besuchen einander zum Klönen. Katja hörte auf, mich zu hassen, weil sie selbst mit Röntgenbrille keinen Grund dafür fand. Wir sind aus Zeitnot keine Freundinnen, nicht aus Überzeugung. Katja sagt: «Ich traue dir. Ihm traue ich natürlich nicht.»

Was macht Tim zu meinem Freund? Die gleichen drei Dinge, die eine Freundin zu einer Freundin machen: Vertrauen, Respekt, Liebe, das heißt in diesem Fall: Ich würde ihm im Notfall meine Niere schenken und er mir seine. Unsere Herzen behalten wir jedoch.

Wir hüten Geheimnisse füreinander. Wir leihen einander CDs und Bücher aus, weil wir wissen, daß wir sie unverdreckt wiederbekommen. Ich erzähle ihm brühwarm meine geniale Drehbuchidee, weil ich weiß, daß er damit nicht zum nächsten Agenten rennen wird, um sie als seine eigene zu verkaufen. Ich langweile mich nicht, wenn er mir erzählt, wie er als Kind darunter litt, daß seine Schwester andauernd von seinen Eltern bevorzugt wurde. Er freut sich, wenn ich ihm von einem gelungenen Rendezvous berichte, und stellt besorgte und hilfreiche Fragen dazu: «Hat er auch alles bezahlt? Er hatte doch hoffentlich keine Amalgamfüllungen? Weiß er, warum Himmelskörper einander umkreisen?» Tim und ich können auf meinem Wohnzimmerteppich sitzen, die Beine ineinander verschlungen, und über ein perfektes Geburtstagsgeschenk für Katja brüten. Meine Lieblingsidee – «Für sie eine Reise auf einem Traumschiff mit Brad Pitt, und du renovierst solange die Wohnung» – quittiert er mit einem Schwall frauenfeindlicher Beschimpfungen.

Die Frage, die wir einander gelegentlich stellen, wenn es allzu gemütlich wird: Gäbe es Katja nicht und wäre der Bart ab – würden wir miteinander schlafen?

Männer denken sogar an Sex, wenn sie in einen Hot dog beißen oder die Vorwahl 069 wählen. Warum ausgerechnet dann nicht, wenn sie mit einer Frau zusammen sind, die sie mögen und respektieren? Da Frauen im Grunde auch ständig an Sex denken –, außer wenn sie in einen Hot dog beißen oder 069 wählen –, müßte eine Männer-Frauen-Freundschaft in Wahrheit eine recht deftige Geschichte ergeben. Die klare Antwort lautet: Vielleicht, vielleicht auch nicht.

Gegen Sex spricht der Kibbuz-Effekt: Untersuchungen dieser Lebensgemeinschaft haben ergeben, daß Kinder, die dort wie Geschwister aufgewachsen sind, einander später nicht heiraten. Sie empfinden füreinander wie Bruder und

Schwester, haben also keine sexuellen Gefühle. Daraus folgt: Nach einiger Zeit platonischer Liebe, zahllosen Verbrüderungen und Verschwesterungen kann man nicht mehr miteinander schlafen. Die Psyche geht davon aus, man sei blutsverwandt, und eine Paarung würde genetische Desaster verursachen. Also verhindert sie Sex: Sieht man den anderen nackt, ist das etwa so erotisch, wie eine Krabbe ohne Schale zu betrachten. Für Tim und mich wäre es bereits zu spät für eine heiße Bettgeschichte. Im Bett würden wir uns einen dicken Schmatz auf den Mund geben, danach würden wir einander gegenseitig so lange vorwerfen, wir hätten gefurzt, bis wir eingeschlafen wären.

Tim hatte Expartnerinnen, die zu Freundinnen wurden. Freundinnen, die zu Partnerinnen und danach wieder zu Freundinnen wurden. Freundinnen, die immer nur Freundinnen waren, mit denen er jedoch Sex hatte. Alle Sex-Freundinnen-Varianten waren zunächst unproblematisch und zerstörten die harmonische Freundschaft keineswegs. Jedenfalls nicht sofort. Dennoch sind all diese Beziehungen inzwischen beendet oder liegen auf Eis. Schuld daran ist doch der Sex, aber nur indirekt.

«Ich kann die Frauen nicht mehr treffen, selbst wenn die Affäre Jahre zurückliegt. Katja hat einen siebten Sinn dafür, mit wem ich etwas hatte und mit wem nicht. Sie würde sich unbehaglich fühlen, wenn ich mit Exlovern ausgehen würde. Sie traut mir nicht genug, und ich trau mir selbst nicht recht. Ich möchte kein Risiko eingehen und unsere Beziehung aufs Spiel setzen.»

In gewisser Weise folgt daraus, daß Sex nichts im Wege steht, solange beide Singles sind. Keine Frau in meinem Freundes- und Bekanntenkreis hat die Erfahrung gemacht, daß eine Freundschaft durch einen Orgasmus beendet wurde. Meine Freundin Alma hat ihren besten Freund sogar geheiratet. Das spricht dafür, daß man Sex mit dem Freund wenigstens einmal versuchen sollte. Es besteht offenbar die Chance, daß der Freund doch der Traumprinz ist.

Die meisten Frauen, die Sex mit einem ihrer Freunde hatten, teilen jedoch Tims Erfahrung: Wenn der Freund, mit dem man eine Affäre hatte, eine Partnerin findet, ist es so gut wie unmöglich, ihn weiterhin zu treffen. Die Neue wird das beliebte Drama aufführen: «Sie oder ich – du hast die Wahl.» Ist es tatsächlich oder vermeintlich wahre Liebe, steht seine Entscheidung fest, und die Freundschaft wird still begraben. Traurig, ihn unerwartet auf einer Party zu treffen, auf ihn zuzustürmen, scharf abzubremsen, betreten auf die Schuhspitzen zu starren und eine Schweigeminute einzulegen.

«Lange nicht gesehen.»

«Geht's gut?»

«Klar. Dir?»

«Auch.»

«Bist du noch mit ...»

«Mhm. Sie ist hier. Wohl grade auf dem Klo oder so.»

«Also dann tschüs.»

«Bis bald. Ruf mal an.»

«Sicher.»

Ein schreckliches Ende. Auf lange Sicht scheint es also klüger, allein oder mit Fremden zu schlafen als mit dem Freund. Andererseits: Wer weiß, ob er sich jemals verlieben wird? Man verzichtet, reißt sich zusammen, schläft mit Idioten – und keine andere taucht auf in seinem Leben. Ärgerlich, es wäre vermutlich so schön gewesen.

Soll man also oder nicht? Ute ist sich sicher:

«Ich habe noch nie mit meinen Freunden geschlafen. Ich trau mich nicht, ihnen meine sexuelle Seite zu zeigen. Mit Fremden ist es einfacher, zu denen kann ich ruhig offen sein. Ich brauche sie ja nicht wiederzusehen, falls ich peinlich war. Außerdem verliebe ich mich normalerweise in Männer, mit denen ich Sex habe. Ich will mich doch nicht in meine Freunde verknallen, denn das ruiniert die Freundschaft. Man hat eine Affäre, nach einem Monat ist sie zu Ende, und danach haßt man ihn wie jeden anderen Exblödmann.»

Utes bester Freund heißt Cengiz. Er ist 24 Jahre alt, 11 Jahre jünger als sie, und ein umschwärmter Soap-opera-Star in der Türkei. Alle Teenager in Ankara, Izmir und Istanbul lieben ihn – ebenso die Mehrzahl von Utes Freundinnen, die mehr oder weniger kurze Affären mit ihm haben oder hatten.

«Er ist ein richtiger Herzensbrecher. Aber er meint es nicht böse. Er will die Frauen nicht verletzen. Er ist einfach unwiderstehlich und dabei extrem egoistisch – wie ein Kind.»

Ute ist immun gegen Cengiz' Charme, auch, weil sie all seine Bettgeschichten bis ins Detail kennt.

«Er vertraut mir und erzählt mir alles. Ich kenne ihn aus seinen Erzählungen als Lover und hätte allein deshalb keine Lust auf ihn, weil ich dauernd die anderen Frauen im Kopf hätte. Meine Reaktion auf Cengiz' Liebesgeschichten ist relativ stereotyp und lautet verkürzt: Werde erwachsen, übernimm Verantwortung für dich selbst und die Menschen, die dich lieben. Ich bin mehr oder weniger seine Mutter. Zwischen uns besteht daher, psychologisch gesagt, eine Inzestschranke.»

Warum vertraut Ute diesem Kind? Was hat sie von dieser Freundschaft?

«Cengiz hat auch die guten Seiten eines Kindes. Er ist offen und spontan, neugierig und optimistisch. Seine Lebensfreude ist so ansteckend wie Schnupfen. Wenn ich ein Tief habe, rufe ich ihn an. Er ist verrückt genug, zu jeder Uhrzeit für mich dazusein. Er verurteilt mich nie und gibt mir immer recht: Du bist verzweifelt, weil das Meerschweinchen krank ist? Das ist ja auch schrecklich, wo du so an ihm hängst! Vielleicht helfen warme Umschläge? Keine Spur von Ironie, das Wort ‹verrückt› gibt es nicht in seinem Wortschatz. Innerhalb weniger Minuten hat er mich nicht nur aufgeheitert oder getröstet, sondern meistens sogar ganz aus dem Jammertal herausgeführt. Er zeigt mir die gute und komische Seite jeder Katastrophe. Ohne ihn wäre mein Leben dunkler.»

Ute und Cengiz haben sich kurz nach Utes Scheidung vor vier Jahren kennengelernt, während sie gemeinsam an einem Theaterprojekt arbeiteten.

«Ich stellte sofort fest, daß Cengiz besonders lustig war. Schließlich saßen wir immer zusammen und trafen uns auch mal allein. Sex spielte von Anfang an keine Rolle. Ich habe die ersten Treffen regelrecht danach abgeklopft: Habe ich Herzklopfen? Sind unsere Blickkontakte länger als üblich? Legt er mir beiläufig die Hand aufs Bein? Ist es mir wichtig, daß ich gut aussehe, wenn ich ihn treffe? Viermal nein. Die Kollegen, die immer lästern, sogar wenn man dem Taxifahrer Trinkgeld gibt, lästerten nicht. Sogar die haben gespürt, daß sich da etwas anderes anbahnte als die gemeine Affäre. Cengiz war viel zu jung und zu umschwärmt für meinen Geschmack, und ich schlüpfte, wie gesagt, sofort in die Mutterrolle. Ich glaube, die ersten Worte, die ich an ihn richtete, waren: Und wie ist dein Name, mein Sohn? Es ging nie um Schwanz und Vagina, es ging um zwei Seelen, die sich gefunden haben, körperlose Seelen.»

Die körperlosen Seelen telefonieren ein-, zweimal pro Woche miteinander.

«Wir reden über die Arbeit, über gemeinsame Freunde, wir erzählen uns, was uns freut oder bedrückt – es ist wie mit einer Frau.»

Ute und Cengiz gehen miteinander aus. Mal drei Abende hintereinander, mal gar nicht. Ute wirft sich dann in ihr Courtney-Love-Outfit, schmiert sich lila Farbe ins Haar und zerreißt eine Netzstrumpfhose.

«Dann ziehen wir durch die Bars und tanzen die Schuhsohlen heiß. Wie damals. Wer sagt, daß man nicht mehr 17 sein kann, nur weil man weit über 30 ist, der sollte mal mit Cengiz losziehen.»

Da Ute meine Freundin ist, kenne ich Cengiz, und Ute kennt Tim. Ich halte Cengiz für einen aufgeblasenen Beau, der besonders häufig albern kichert. Natürlich ist er scharf auf Ute – was sie jedoch hartnäckig ignoriert. Ute hält Tim für einen wichtigtuerischen Besserwisser und Schleimer, der nur darauf wartet, endlich mit mir ins Bett zu gehen – was ich jedoch hartnäckig ignoriere. Das Übersehen aller Signale funktioniert anscheinend: Wir sind beide glückliche Freundinnen.

Vanessa, ebenfalls meine Freundin, ist 28, managt ein Restaurant und lebt seit vier Jahren allein. Sie glaubt nicht an die Freundschaft mit heterosexuellen Männern:

«Klar setzen sie sich nachts um drei in ihr Auto und rasen durch drei Bundesländer, um dich zu trösten. Dann stehen sie vor der Tür, schmachten dich an, stinken nach Mundspray und nesteln nervös in ihrer Hosentasche rum. Wer das Knistern für Hustenbonbonpapier hält, ist selber schuld. So verheult kann man gar nicht aussehen, daß die nicht mit einem schlafen wollen! Sogar die Männer meiner Freundinnen haben es versucht. Kaum traut man einem, weil man ihn nett findet, schon versucht er, einen anzugrapschen. Es ist unglaublich. Mir bleibt nichts anderes übrig, als prinzipiell unfreundlich oder wenigstens distanziert zu Männern zu sein – ausgenommen zu Männern, von denen ich begrapscht werden will.»

Nun ist Vanessas Wirkung auf Männer speziell. Ihretwegen laufen Familienväter gegen Straßenlampen, fallen blutjunge Kuriere vom Fahrrad. Es liegt an ihrem niedlichen Puppengesicht, den vollen Lippen, den Rehaugen und ihren spektakulären Kurven. Die Kurven allein würden vermutlich auch reichen. Jedenfalls: Männer aller

Alters- und Berufsgruppen strecken reflexartig die Hände aus, um Vanessa anzufassen. Vanessa wirkt wie Erdbeertorte mit Schlagsahne auf eine Weight-Watcher-Gruppe.

Tim hat Vanessa noch nie getroffen. Seine Reaktion ist jedoch vorhersehbar. Ich weiß, auch wenn ich es hartnäckig verdränge: Unsere Freundschaft basiert ganz klar auch darauf, daß ich als Pin-up-Girl oder Model bemitleidenswert erfolglos wäre. Oder krasser: Tim will natürlich mit mir schlafen, nur nicht so richtig dringend, denn es sprechen drei Gründe dagegen: Katja, ich selbst und vor allem: Ich bin nicht so recht sein Fall. Gäbe es nur zwei Gründe, würde er sich nicht so diszipliniert zurückhalten. Unsere Freundschaft wäre anstrengender.

Maria, 39, Journalistin, bildschön und Single seit Geburt – «die längste Beziehung dauerte ein Jahr, aber die ist inzwischen strafrechtlich verjährt» –, behauptet, sie lerne überhaupt nur schwule Freunde kennen.

«Den heterosexuellen Männern sind meine Ansichten über Gott, *Vom Winde verweht* oder die Welt egal. Die wollen mit mir ins Bett, das merke ich nach dem ersten Satz. Dicke, dünne, große, kleine, schwarze, weiße, grüne – wen ich auch treffe, sie probieren es alle.

Schwule dagegen sind Freundinnen mit einem dicken Plus. Mit ihnen sind die Gespräche so zwanglos wie mit einer Frau, dazu kommt, daß ihre Komplimente mich als Frau bestätigen. Wenn einer dieser schönen Männer mein Haar bewundert, meinen Klamottengeschmack lobt oder meine Figur, dann baut mich das auf. Gelegentlich macht es mich bitter, daß sie für mich nicht als Partner in Frage kommen. Ich finde Heteros vergleichsweise unsensibel, geschmacklos und meistens unattraktiver. Je länger ich mit Schwulen ausgehe, desto schwieriger wird es für mich, überhaupt etwas Gutes an den Nichtschwulen zu entdekken. Sex, natürlich. Aber sonst?»

Auch Ute findet, Schwule seien die bessere Freunde.

«Mit Schwulen ist es wie mit Frauen. Ich verhalte mich völlig unzensiert. Sie interessieren sich wirklich für Designermöbel oder Tierpflege und hören nicht nur höflich zu, wie die meisten Heteros. Ich fühle mich mit Schwulen körperlich sicherer. Ich sitze so breitbeinig, wie ich will, kuschel mich an sie, ohne jeden Hintergedanken.»

Hat sie Hintergedanken bei Cengiz?

«Ehrlich gesagt, ja. Sie spielen keine erwähnenswerte Rolle. Sie stören die Freundschaft nicht. Aber ich weiß nicht, ob ich mit Cengiz in einem Bett schlafen könnte, ohne daß er versuchen würde, nett und verspielt natürlich, Sex mit mir zu haben.»

Und, würde Ute widerstehen?

«Mein Kopf und meine Psyche würden eindeutig nein sagen, ich habe meine Prinzipien. Aber mein Körper wäre vermutlich verwirrt. Das Ganze wäre keine schöne Erfahrung.»

Single-Frauen brauchen Männerfreunde, nicht nur weil Glühbirnen durchbrennen, Autos zum TÜV gefahren werden müssen und sich jede Frau gelegentlich in einen starken Arm einhaken möchte, wenn sie im Theater die richtige Reihe sucht.

Vanessa vermißt einen Freund vor allem abends:

«Millenium und Gleichstellung hin und her: Frauen können einfach nicht allein oder als Gruppe in eine Bar gehen und länger als fünf Minuten ungestört vor sich hin starren. Spätestens dann müssen sie ein, zwei Glatzköpfe mit Schmerbauch, Montagearbeiter mit dreckigen Fingernägeln oder betrunkene Touristen mit entsetzlichem Akzent abwimmeln, und der Abend ist verdorben. Ich hoffe wirklich, ich lerne bald einen netten schwulen Mann kennen, der gelegentlich mit mir ausgeht und mir die Schleimer vom Leib hält.»

Singles brauchen einen Freund, damit sie nicht vergessen, daß nicht alle Männer Nullen sind. Der Freund als

Hoffnungsträger. Selbst die glücklichste alleinlebende Frau wacht gelegentlich montags mit Selbstmitleid auf. Selbstmitleid plus Lebenserfahrung ergibt Zorn. Der richtet sich sofort reflexartig gegen China, wegen Tibet, und gegen das andere Geschlecht, weil Männer allesamt unzuverlässige Loser sind, Babies mit Haaren auf dem Rücken, Dummbeutel, die sich für Genies halten, Idioten, die noch nicht mal wissen, wie ihr eigener Penis funktioniert, schamlose Eunuchen, die es wagen, Reden gegen Abtreibung abzusondern. Alle! Außerdem: Es sind schließlich nicht die Chinesinnen, die Tibet belagern. Und man selbst ist ganz allein und wird niemals einen Mann finden, der einen verdient, denn es gibt ja keine Männer, nur Blödmänner.

In diesem Zustand tiefer Bitterkeit fällt einem der Freund ein: die Ausnahme, das Licht am Ende des Tunnels, das Edelweiß auf der Zugspitze, der Prinz im Froschteich. Die Zornattacke verzieht sich. Die Gedanken werden so rein wie die Luft nach einem Gewitter. Die Tränen trocknen, die Wüste lebt, und wir erinnern uns wieder: Selbst fette Eunuchen dürfen dumme Reden halten, denn wir leben in einem freien Land. Und die ein-, zweimal im Leben, die man wirklich verliebt war, waren herrlich. Mit einem sonnigen Lächeln, Freund sei Dank, springt man mit dem richtigen Bein zuerst aus dem Bett, putzt sich die Zähne und fliegt zur Arbeit, um einen fröhlichen Single-Tag hinzulegen, um den einen 98 Prozent aller verheirateten Frauen beneiden. Das männerlose Leben ist schön, weil man ja nicht ganz männerlos ist.

Der Freund ist der dicke Männerduden. Von A- wie «Analverkehr» bis Z- wie «zögerliche Liebesschwüre» ist ihm nichts Männliches fremd. Warum sind alle Männer auf 17jährige Teenager scharf, obwohl die Gefahr besteht, daß sie sich strafbar machen, weil 80 Prozent der 17jährigen Teenager erst 15 sind? Was halten Männer, mal ehrlich, von Achselhaar? Von Intelligenz? Von Unabhängigkeit? Von

Brustimplantaten? Antworten auf diese wichtigen Fragen kann man zur Not zwar auch in Frauenzeitschriften nachlesen, aber lustiger ist ein Klönabend mit dem Freund, vor allem wenn er eine hübsche Wohnung und eine gute Plattensammlung hat.

Richtig unersetzlich werden Männerfreunde, wenn die Fragen politisch unkorrekt, also wirklich interessant werden: Ist mein Chef scharf auf mich, und wie kann ich diese Tatsache beruflich nutzen? Wer ist häßlicher: Karin B oder Katrin C? Hast du nicht einen Freund, der vielleicht was für mich wäre? Wie kriege ich X ins Bett und Y wieder heraus? Ein Freund antwortet unterhaltsam, informativ und stellt amüsante Gegenfragen: «Mal ehrlich, schmeckt dir Sperma? Und achtet ihr wirklich auf die Schuhe?» Und: «Hast du nicht eine Freundin, die vielleicht was für mich wäre? Wie kriege ich X ins Bett und Y wieder heraus? Und glaubst du wirklich, ich könnte einen vorgetäuschten Orgasmus nicht von einem echten unterscheiden?» Mit dem Freund werden aus harmlosen Mittagspausen Sex-Talk-Shows, aus sonntäglichen Telefonplaudereien Drehbücher für Mobbingthriller – Treffen mit dem Freund sind oscarreifes Entertainment.

Gespräche mit dem Freund geben Einblicke in die Abgründe der Männerseele, die noch geschmack- und schamloser ist, als Charles Bukowskis Romane es vermuten lassen. Partner – da sie ja gut voreinander dastehen wollen und müssen – zeigen ihre finstere Seite nicht freiwillig. Man will sie auch gar nicht sehen, denn «finster» bedeutet in einer Partnerschaft immer gleich «Krise» oder «Problem». Partner sagen daher, allein um des lieben Friedens willen, sie hielten einem die Tür auf, weil sie höflich seien. Freunde dagegen geben unverblümt zu, daß sie es tun, um Frauen auf den Hintern starren zu können. Partnerinnen behaupten, da sie bloß keinen Krach heraufbeschwören möchten, sie wollten nicht befördert werden wegen der Kinder oder des niedrigen Blutdrucks. Freundinnen geben Freunden gegenüber unumwunden zu, daß sie zu faul und zu feige sind für die gehobene Position.

Es tut so gut, nicht lügen zu müssen. Freunde brauchen voreinander nicht perfekt dazustehen. Freunde brauchen auch nicht miteinander zu leben. Freunde treffen sich zum Spaß oder um Krisen miteinander zu meistern – Krisen, die sie nicht verursacht haben. Freunde streiten. Sie bekriegen einander nicht. Wozu auch? Die Grenzen sind klar gezogen: Er ist er, und sie ist sie. Das «Wir» findet nur zeitweise statt und ist keine Lebensform.

Ein Freund ist der sichere Sparringlover, ein Partner minus Nachteile. Ein Freund traut sich nicht, die Socken bei einem herumliegen zu lassen. Falls doch, kann man sie ihm einfach in den Mund stopfen und ihn rauswerfen. Er wird es einem nicht übelnehmen, denn er weiß, daß er es verdient hat. Ein Freund, ein bester Freund, das ist das Zweitbeste, was es gibt auf der Welt. Gleich nach der besten Freundin.

Sex in der Wüste

Warum nichts über eine anständige Frühjahrsorgie geht und das Zölibat ebenfalls seine Reize hat.

Ich legte mich auf die Liege, schloß die Augen und ließ mich von den ersten warmen Sonnenstrahlen streicheln. Wo blieb sie bloß? Sie wollte doch nur schnell Schokobananen vom Konditor holen, zur Feier des ersten Frühlingstages, den wir auf dem Balkon verbringen konnten. Da war sie endlich. Ich öffnete die Augen und erstarrte. «Was ist das?» flüsterte ich. Am Arm meiner Freundin hingen ein graues T-Shirt, eine Jeans und Birkenstocksandalen. Darin steckte ein Körper, wie wir ihn uns besser nicht hätten ausmalen können. Und der Kopf – eine Augenweide. «Ich mache uns eine schöne Tasse Kaffee, dazu gibt es, mmhh, Herrentorte, und das ist Bernd», antwortete sie grinsend.

Bernd hatte beim Bäcker vor ihr in der Reihe gestanden. «Und wie kommt er hierher?» fragte ich meine Freundin in der Küche. Mir war schlecht vor Neid. «Ich habe ihn gefragt, ob er den Kaffee zu seinem Negerkuß nicht bei mir trinken wolle», antwortete sie. «Negerkuß? Einfach so?» fragte ich streng. «Mein Puls war schon beschleunigt. Aber sieh ihn dir mal an. Der ist schon eine kleine Überwindung wert. Und es ist Frühling», sang sie. Hormonkoller. Sie war kurz davor, sich die Kleider vom Leib zu reißen. «Hast du Kondome im Haus, oder soll ich schnell welche holen, während du schon mal das Vorspiel beginnst?» Sie öffnete den Kühlschrank, schob den Gouda zur Seite und hielt mir eine Packung unter die Nase: «Fromms Gefühlsecht». Tränen traten mir in die Augen: Warum sie? Warum bin nicht ich zur Bäckerei gegangen? Ich ging doch sonst immer!

«Gönnst du ihn mir etwa nicht?» quietschte sie vergnügt. «Natürlich nicht», antwortete ich kalt. «Von mir aus können wir ihn uns teilen, wenn er will», sagte sie. «Okay, ich frage ihn», sagte ich und hechtete zum Balkon. Meine Freundin hinter mir her: «Nein! Du verschreckst ihn! Und dann haben wir beide nichts von ihm!» Ich hatte nichts zu verlieren und war nicht zu bremsen. Wir fielen vor Bernds überraschend schöne Füße und begannen zu ringen. Wir rissen einander die T-Shirts vom Leib und zerrten uns an den Haaren. Die Nachbarn vom Hochhaus gegenüber rissen die Fenster auf und schrien: «Schlampen! Aufhören! Hier wohnen Kinder!» Dann zückten sie die Feldstecher.

Bernd erhob sich von seinem Lager, setzte sich ordentlich hin und sah uns eine Weile zu. Dann ohrfeigte er uns. Wir hielten inne. Er lächelte männlich. Die Nachbarn applaudierten. Bernd holte tief Luft, fiel auf die Knie und nahm uns beide abwechselnd von hinten.

Und wenn wir nicht gestorben sind – an Aids oder durch die Hand eines geisteskranken Triebtäters –, dann machen wir das dauernd: Kerle abschleppen und mit ihnen wilde, hemmungslose Orgien feiern. Wenn das Wetter mitspielt, gern auch im Freien vor Publikum. Single-Frauen wollen nur das eine.

Wenn es um Sex geht, sind Single-Frauen wie Haie – dauernd auf der Jagd und vollkommen skrupellos. Darum leben sie ja allein: Damit sie ungehindert von einer Liege auf die nächste springen können. Ihr Lebenszweck ist der Geschlechtsverkehr. So das Image. Die Wahrheit? Vier Freundinnen, deren Namen der Diskretion wegen drastisch geändert wurden, beschreiben sie so:

Hanni: «Sex? Du meinst mit einem Mann? Hm. Ich glaube, das ist über ein Jahr her.»

Nanni: «Bei mir auch ungefähr. Ist doch zum Kotzen: Die besten Jahre vergehen und nichts passiert.»

Thelma: «Quatsch. Du hast doch die Wahl. Erzähl mir bloß nicht, es sei ein Problem, einen Kerl zu finden, der Sex mit einem haben will.»

Hanni und *Nanni:* «Doch. Das ist das einzige Problem, das ich als Single habe!»

Thelma: «Ihr spinnt ja! Ihr müßt doch bloß in eine blöde Bar gehen. Oder die Kleinanzeigen nach einem Masseur durchsehen.»

Nanni: «Schon, aber mit solchen Männern möchte ich keinen Sex haben.»

Thelma: «Das ist der Punkt.»

Hanni und *Nanni:* «?»

Thelma: «Das Problem ist nicht, einen Mann zu finden, der mit einem Sex haben will. Das Problem ist, einen Mann zu finden, mit dem man selbst Sex haben will. Das ist übrigens ein Problem, das wir mit Millionen verheirateter Frauen teilen. Fragt mal eure Mütter. Oder Renate, die sich Sorgen darüber macht, daß sich ihre vorgetäuschte Migräne in eine echte verwandeln könnte.»

Hanni: «Hast du eine Lösung? Wie findest du denn deine Sexpartner?»

Thelma: «Zur Zeit will ich gar keinen. Ich will nicht mal Sex mit mir selbst. Schon das ist mir zu intim. Ich schlafe nur mit mechanischen Spielzeugen.»

Louise: «Lüg dir doch nicht in die Tasche. Du hättest doch auch nichts dagegen, mal wieder richtig zu ...»

Thelma: «Du mußt nicht immer von dir auf andere schließen. Bloß weil du nichts anderes im Kopf hast als Penisse in allen Größen und Farben, heißt das nicht ...»

Louise: «Im Gegensatz zu dir habe ich sie eben nicht nur im Kopf.»

Hanni: «Ähm, Louise, du bist vielleicht ja auch, ähm, gar kein richtiger Single ...»

Nanni: «Sie meint, ähm, wegen Peter ...»

Louise: «Peter? Wer zum Teufel ist Peter?»

Thelma: «Er bringt mir immer Sonnenblumen mit – Peter. Er wohnt seit zwei Wochen bei mir – Peter. Er ist ganz anders als die anderen – Peter. Erinnerst du dich?»

Louise: «Ihr seid blöd. Mit Peter ist es seit Tagen aus. Dieser Langweiler. Kam eines Abends mit einem Arm voll Grünzeug nach Hause und wollte erst kochen und dann kuscheln. Ich habe ihn am nächsten Morgen sofort rausgeworfen. Wieso sollte ich mit jemandem mein Bett teilen, der nicht mit mir schlafen will? So ein Unsinn. Ich will doch keine Beziehung!»

Hanni: «Ich vermisse Sex eigentlich nicht oft. Ich hatte genug Sex in meinem Leben. Zur Zeit spielt er eben mal keine Rolle. Auch das wird sich wieder ändern. Im Grunde ist das Thema Sex doch kein Problem für mich. Geld ist ein Problem oder daß es nie einen Parkplatz gibt vor meinem Haus oder mein Haar.»

Nanni: «Stimmt, Haare sind ein großes Problem. Aber nicht nur für Singles. Sex ist vergleichsweise kein Thema. Die eine Vollmondnacht im Monat, die ich mal wach liege, die ist eigentlich kaum der Rede wert. Außerdem habe ich schon immer gern onaniert, wirklich.»

Hanni: «Und erinnert euch doch nur mal an die Alternative: eine Partnerschaft. Morgens findet man ausgefranste, blutige Zahnseide im Waschbecken und abends Zettelchen mit fremden Telefonnummern in seiner Hosentasche. Das blanke Grauen!»

Nanni: «Mein Partner und ich hatten so gut wie nie gleichzeitig Lust. Entweder lag er beleidigt wach oder ich. Und wenn wir dann mal tatsächlich Sex hatten, dann war es so verkrampft und verspannt, daß wir beide froh waren, wenn es endlich vorbei war.»

Louise: «Na komm, sei ehrlich. So war es nicht von Anfang an, oder? Das beste an einer Partnerschaft ist doch, regelmäßig tollen Sex zu haben.»

Hanni: «Stimmt. Aber selbst das wiegt die Nachteile einer

Partnerschaft nicht auf: hier ein Kompromiß, da noch einer, und irgendwann hat man völlig vergessen, was man selbst wollte. Eines Tages gab es nur noch ‹uns›, und ‹ich› war verschwunden. So gut können nicht einmal die multipelsten Orgasmen sein, daß sie diesen Verlust wettmachen könnten.»

Alle: «Natürlich nicht.»

Nanni: «Ich bin davon überzeugt, daß das Sexleben in den meisten Partnerschaften ebenso selten stattfindet wie in meinem Leben. Und das ist doch noch trauriger: Da hört man jemanden im Bad gurgeln und furzen, und kurz darauf kriecht eine kalte Gestalt mit kurzem T-Shirt und baumelndem Gemächt neben einen unter die Decke und fängt an zu schnarchen. Da liege ich doch lieber allein in meinem Bett.»

Louise: «Genau das war das Problem mit Peter!»

Thelma: «Louise, hör auf mitzureden. Du bist kein Single. Oder lebst du zur Zeit etwa allein?»

Louise: «Frag nicht so scheinheilig. Warst ja dabei, als ich ihn vor drei Tagen kennenlernte. Aber Paul ist 17 Jahre jünger als ich. Der gilt nicht.»

Hanni und *Nanni:* «Wer ist Paul?»

Thelma: «Eine Eroberung vor der Kinokasse. Ein Verlierer, das sieht man auf den ersten Blick.»

Louise: «Sei nicht so gemein. Er ist so süß. Studiert Linguistik. Und er ist ein Knüller im Bett.»

Thelma: «Warum läßt du deine Betthasen denn alle gleich bei dir einziehen?»

Louise: «Was denn sonst? Soll ich etwa zu ihm ins Studentenheim ziehen, in meinem Alter?»

Hanni: «Also wirklich, Louise. Sei mir nicht böse, aber du giltst nicht als Single.»

Louise: «Versteht ihr das nicht? Also, ich erkläre es noch mal: Ich bin zur Zeit nicht in einer Phase, in der ich keinen Sex haben will, im Gegenteil. Ich kann aber nur Sex haben, wenn ich verliebt bin. Also verliebe ich mich, so gut es geht. Das bedeutet: Ich rede mir ein, verliebt zu sein. Damit ich mir das auch glaube, muß mir dieser Mann nahe sein. Ich verbringe soviel Zeit wie möglich mit ihm. Daraus folgt, daß er bei mir einzieht. Auf diese Art und Weise gelingt es mir, die Liebesillusion etwa drei bis acht Wochen lang aufrechtzuerhalten. Spätestens dann wache ich auf, kann den Kerl in Wirklichkeit nicht ertragen und muß einen neuen finden. Verstanden?»

Nanni: «Warum nennst du das nicht beim Namen: Partnerschaft?»

Louise: «Weil ich von Anfang an weiß, daß es ein Spiel ist. Nicht ernst gemeint. Keine Kinder, kein gemeinsames Bankkonto, kein gar nichts. Wie kann es eine Partnerschaft sein ohne ‹kein gar nichts›?»

Nanni: «Bist du mit diesen Geschichten glücklich?»

Louise: «Solange ich nicht darüber nachdenke, schon. Wenigstens wachse ich unten nicht zu, wie ihr.»

Hanni: «Bist du sicher, daß du nicht doch lieber eine Beziehung hättest?»

Louise: «Hast du denn nicht zugehört? Ich will keine Beziehung. Ich möchte sowohl Single sein, als auch regelmäßigen, guten Sex haben. Ich habe einen Weg gefunden, wie ich beides bekommen kann.»

Thelma: «Hast du schon mal daran gedacht, eine Therapie zu machen?»

Louise: «Weil du mein Sexleben für krank hältst?»

Thelma: «Nein, weil es krank ist.»

Louise: «Danke für die Diagnose, Doktor Vibrator. Klopf dir ruhig auf die Schulter für dein hygienisches, moralisch fast einwandfreies, batteriebetriebenes Sexleben. Du stehst für erstklassiges zwischenmenschliches Verhalten und psychische Gesundheit. Du solltest Vorträge vor Gesamtschulklassen halten: Sex ohne Selbstbeteiligung – Panasonic weiß, was Frauen wollen.»

Hanni: «Ihr werdet euch doch nicht über Sex streiten. Habt ihr nichts Wichtigeres im Kopf?»

Das Sexleben des Singles ist angesiedelt zwischen Zölibat und zügelloser Promiskuität. Die meisten Frauen finden einen Weg zwischen den Extremen, der wesentlich näher an der Enthaltsamkeit liegt.

Das liegt zum einen daran, daß Männer, mit denen man Sex haben will, etwa so selten sind wie Platin. Der Mann, mit dem eine glückliche Single-Frau ins Bett möchte, ist leicht zu beschreiben und fast unmöglich zu finden.

Erstens: Er muß unschuldig und gesund sein. Am besten ist er noch unberührt: etwa ein Mönch, der soeben das Kloster verlassen hat, oder ein Astronaut, der mit elf Jahren allein in eine Kapsel gesetzt und Richtung Pluto geschickt wurde und soeben, im Alter von 35, von seiner Mission zurückgekehrt ist. Mit einer männlichen Jungfrau wäre es wie früher: Wenn das Kondom platzt, sagen wir bloß «hoppla» und kichern. Kein Gedanke an Tripper, Herpes oder HIV.

Zweitens: Er muß raffiniert und erfahren sein. Bloß kein Kolumbus, der aufgeregt hechelt, weil er Neuland entdeckt! Er muß sich genau auskennen, ein Experte sein für unseren Kontinent, uns in Regionen führen, von deren Existenz wir nicht die leiseste Ahnung hatten. Kurz: Er soll irrsinnig gut im Bett sein. Er bleibt gelassen, während er an uns herumfingert. Er sagt dabei Sachen, die wir noch nie gehört haben und immer wieder hören wollen. Er küßt uns, und wir fallen prompt in Ohnmacht. Er versucht nicht, seinen Penis an unserer Hüfte zu reiben.

Drittens: Er muß reich und schön sein. Reich, damit das Ganze unter Einfluß von Champagner auf Seidenlaken in einem Luxushotel stattfinden kann. Auf seine Kosten, natürlich. Selbst bezahlen zerstört die Illusion ebenso zuverlässig wie rasselnder Husten. Und schön muß er sein, denn das Auge genießt mit.

Viertens: Er muß Humor haben, interessant und intelligent sein oder wenigstens zwei dieser Eigenschaften besitzen: Ein Physiker aus Neuseeland wäre denkbar, einer aus Schwäbisch Gmünd jedoch nur, wenn er mindestens einen Privatjet besitzt oder uns alle 14 Sekunden mit geistreichen Bemerkungen zum Lachen bringt. Warum? Weil es ohne Gehirn, Phantasie und Zwerchfell nicht geht.

Auf so einen Mann treffen wir alle 75,9 Jahre. Die Wahrscheinlichkeit, mit einem Frührentner aus Herne in einem Resopalbett aufzuwachen, ist so unerträglich viel größer, daß man einen Grund mehr hat, Mathematik zu hassen. Singles, die Sex mit einem Mann haben wollen, sind also schon aus statistischen Gründen dazu gezwungen, Kompromisse zu machen.

Mitternacht. Wir hängen an einer Bar, hinter dem zweiten Gin Tonic. Reden dummes Zeug mit dem bärtigen Nachbarn. Es stellt sich heraus, daß er Gymnasiallehrer in Stuttgart ist. Auwei. Er macht drei gute Witze und ist dafür, daß Deutschland ein Einwanderungsland mit allem Drum und Dran wird. Gut. Noch einen Gin Tonic. Er schubbert. Schlecht. Aber nur das Knie an unserem Schenkel. Mittel. Er hustet. Ganz schlecht. Aber es rasselt nicht. Mittel. Wenn man nur wüßte, was der Bart verbirgt – eitrige Quaddeln? Schlecht. Noch ein Gin Tonic. Er bezahlt alles. Gut. Er küßt uns. Sehr gut. Muß reichen. Darf mitkommen.

Die meisten Frauen verzichten nicht aus gesundheitlichen Gründen auf One-Night-Stands mit Fremden, sondern weil es zu wenig reiche, witzige, schöne, sexuell versierte, frisch entlassene Mönche gibt und zu viele Bartträger mit rasselndem Husten.

Der andere Grund, weshalb Frauen dazu neigen, eher enthaltsam als promiskuitiv zu sein: Sex als Freizeitvergnügen – wer kann sich das, rein zeitlich, schon leisten? Tagsüber muß man während der Woche Geld verdienen, Kinder erziehen, Milch, Glühbirnen und Kloreiniger kaufen, den Computer dazu bringen, auszudrucken oder E-Mails zu empfangen. Die Abende sind dazu da, mit Freundinnen zu telefonieren, Filme zu sehen, Bücher zu lesen, E-Mails zu verschicken und zu schlafen. Die Wochenenden sind sogar noch geschäftiger. Tagsüber muß man wieder Milch kaufen, wandern gehen, Ölgemälde malen, den Hund entwurmen, die Freundin daran hindern, vom Fenstersims zu springen, weil sie entlassen wurde, den Kindern beim Spielen zusehen oder Bücher schreiben. Abends lädt man Freunde ein und kocht, ißt, trinkt und redet, bis man umfällt. Gelegentlich nimmt einen jemand mit in die Oper oder zu Bob Dylan, oder es überkommt einen das dringende Bedürfnis, endlich mal wieder einen Pullover zu stricken.

Die meisten Frauen, die allein leben, finden nicht nur keinen geeigneten Partner, sie haben auch einfach keine Zeit für Sex. Ihr Sexleben unterscheidet sich also nur geringfügig vom Sexleben eines modernen Durchschnittspaares. Das bestätigen Frauen, die den Vergleich haben.

Ute: «Ich habe seltener Sex als während meiner Ehe. Mit einem Mann vielleicht nur fünf-, sechsmal pro Jahr. Dennoch bin ich jetzt glücklicher mit meinem Sexleben. Ich habe jetzt wenigstens ein Verhältnis mit jemandem, den ich sehr liebe: mit mir selbst.»

Anita: «Sex war in meiner Ehe immer der Hauptkriegsschauplatz. Jeder Akt war ein Machtkampf – vor allem jeder verweigerte. Ich genieße immer noch die Feuerpause und bin froh, daß Sex im Moment kein Thema in meinem Leben ist.»

Claudia: «Sex hat für mich mit Liebe zu tun. Da ich niemanden auf diese Weise liebe, vermisse ich Sex auch nicht.»

Ruth: «Sex zum Vergnügen – das ist ein Konzept, das ich nie begriffen habe, auch damals in meiner Ehe nicht. Wenn ich mich vergnügen will, dann doch eher mit einer Oper als mit einem Orgasmus. Sex hat in meinem Leben nie eine nennenswerte Rolle gespielt. Ich vermisse rein gar nichts.»

Rita: «Nicht oft, aber vielleicht so fünfmal pro Jahr fühle ich mich regelrecht ausgehungert. Dann könnte ich wildfremde Männer anfallen. Manchmal bin ich richtig wütend auf mich, weil ich mich nicht traue. Als ich verheiratet war, hatte ich nichts gegen Sex, es hat mir Spaß gemacht. Aber dieses starke Verlangen kenne ich erst seit der Scheidung. Bin mal gespannt, wie es ist, wenn ich mal an so einem Tag den geeigneten Mann treffe – wow!»

Was tun, wenn einen die Lust überkommt und sie auch durch hartnäckigen Konsum von Talk-Shows, Zeitungen, Schokolade oder Tee nicht vergehen will? Je eine halbe Stunde lang mit einer schwerhörigen Tante telefonieren, radfahren und töpfern, dann etwas Gras rauchen, ein Glas Wein trinken und das Ganze dreimal wiederholen. Oder:

Man nehme ein zwanzigminütiges duftendes Schaumbad, schlüpfe danach, noch feucht, in einen Seidenbademantel und lege sich auf ein Lager, das von züngelnden Moschuskerzen umstellt ist. Der Raum sollte mit sanfter Sitarmusik beschallt sein. Zugluft vermeiden! Magazine versuchen dauernd, uns einzureden, man müsse aus Selbstbefriedigung ein mehrstündiges Happening machen mit teuren Accessoirs und Tantra-Kamasutra. Die amerikanische Sexforscherin Shere Hite behauptet in ihrem *Hite Report*, daß sich über 73 Prozent der Frauen lediglich im Bett auf den Rücken legen und sich streicheln. Klingt realistisch: Wenn man Möhren essen will, greift man schließlich auch bloß zum Schaber und fängt nicht an, Röschen oder Girlanden zu schnitzen.

Shere Hite hat auch herausgefunden, daß fast alle Frauen mit sich selbst zwar physisch, aber nicht psychisch glücklich werden: Sie betrachten Masturbation nicht als Ersatz für Partnersex, sondern als Ergänzung. Klingt ebenfalls realistisch. Wären Dildos wirklich die besseren Penisse, sähen Partys und Bars ganz anders aus. Kleinlaute Männergruppen würden sich verschämt in dunklen Ecken herumdrükken, weil sogar siebzigjährige Frauen mit Zahnlücken und Krampfadern sie keines Blickes würdigten.

In Wirklichkeit überkommt einen die Lust auf einen Mann nicht wie der Heißhunger auf Schokolade, gegen den nun wirklich nichts anderes hilft als Schokolade. Würden Frauen tatsächlich unwillkürlich von hemmungsloser Lust übermannt, hätte Pfizer schon längst die Pille dagegen auf den Markt gebracht und Milliarden damit verdient.

Ein zölibatäres Leben ist kein Grund zur Panik. Was Millionen von Nonnen schaffen, schaffen Werbetexterinnen, Busfahrerinnen und Schlosserinnen schon lange. Es gibt vier gute Gründe, die für Enthaltsamkeit sprechen, und keinen einzigen dagegen.

1. Partnerlose Frauen, die keinen Sex haben, machen dem Papst eine Riesenfreude.

2. Kein Sex ist gesünder. Kondome reißen meistens dann, wenn der Kerl besonders gut ausgerüstet oder versiert ist. In diesen Fällen ist man etwa seine Nummer 578. Die Chance, daß mindestens 78 der Vorgängerinnen Huren waren und 17 heroinabhängig, ist nicht gleich Null. Jeder Akt ist daher potentieller Selbstmord. «Es ist kein Fall bekannt, daß jemand daran gestorben ist, keinen Sex zu haben. Dagegen gibt es unzählige Todesfälle, verursacht durch Sex mit dem Falschen», sagt Ruth Westheimer, Amerikas bekannteste Sexberaterin. Askese schützt vor HIV, Syphilis, Chlamydien, Entzündungen, verursacht durch die Spirale, und Thrombosen, verursacht durch die Pille. Und: Wer keinen Sexpartner hat, braucht weder die Risiken einer Schwangerschaft oder Abtreibung zu fürchten, noch Verstümmelungen oder Tod durch «Mord aus Eifersucht».

3. Kein Sex macht produktiv. Ameisenweibchen haben nie

Sex, weil es fast keine Männchen gibt, denn die sterben unmittelbar nach ihrem Lebenswerk, das darin besteht, die Königin zu befruchten. Ameisenweibchen versetzen statt dessen Berge. Auch Bienenweibchen kopulieren nie. Sie machen Honig statt Liebe. Menschenweibchen und -männchen in Europa und Amerika haben durchschnittlich rund anderthalbmal pro Woche Sex, etwa eine halbe Stunde lang. Wer nur 20 Jahre lang darauf verzichtet, gewinnt über 500 Stunden. Weitere 500 Stunden spart man ein, weil man nicht ständig auf dem Bidet sitzen muß. Bikinizone und Beine müssen nicht alle drei Tage rasiert werden. Wir verrenken uns nicht jeden zweiten Abend vor dem Spiegel, um herauszufinden, wie wir nackt von hinten aussehen und ob die Taille häßliche Falten wirft, wenn wir uns seitlich beugen. Wir brauchen nicht über originelle Geburtstagsgeschenke für ihn nachzudenken oder darüber, mit wem er schläft, wenn er nicht bei uns übernachtet. Was man mit der Zeit anderes anfangen kann? Man kann ein Genie werden wie Ludwig van Beethoven, der Philosoph Ludwig Wittgenstein oder der Pianist Glenn Gould. Man kann aber auch einfach nur an der Beförderung arbeiten, einen Buchladen eröffnen, mit den Kindern spielen, gute Bücher lesen, Bonsai-Bäume züchten, endlich den Nanga Parbat besteigen, Finnisch lernen oder schlafen.

4. Kein Sex verhindert Liebeskummer. Frauen sind alle gleich, vor allem die, die behaupten, sie seien ganz anders: Kaum haben sie guten Sex mit einem Mann, schon verknallen sie sich in ihn. Fast jede Affäre ist deshalb ein Kraftakt. Selbst das kleinste Kribbeln im Bauch muß gnadenlos im Keim erstickt werden, denn gibt es eine schizophrenere und quälendere Daseinsform als den überzeugten Single, der verliebt ist.

Veronika war monatelang ein schluchzendes Häuflein Elend. Sie war verrückt nach Martin, dem besten Liebhaber, den sie jemals hatte, wie sie selig lächelnd bei jeder Gelegenheit behauptete. Tief in sich entdeckte sie sogar das Bedürfnis, ihn ihren Eltern vorzustellen. Denn wenn der Sex so gut ist, dann muß es doch wahre Liebe sein! Sie stand kurz vor der völligen Bankrotterklärung: Sie war nicht mehr länger gern Single.

Was tun? 99 Prozent der Menschen entscheiden sich für die Liebe, wenn sie zwischen ihr und der Freiheit wählen können. Veronika war jedoch über 35 und daher nicht so naiv zu glauben, daß die Entscheidung der Mehrheit für sie selbst die beste sei. Sie kannte sich allzugut: Sie war schon immer eine absolute Beziehungsniete. Launisch, egozentrisch, ungeduldig und völlig unwillig, auch nur den kleinsten Kompromiß einzugehen. Ein Versuch würde das erste Jahr nicht überstehen, dafür würde sie schon sorgen. Sie wußte auch: guter Sex ist nicht unbedingt ein Zeichen für wahre Liebe. Martin hatte einen Hund und Geheimratsekken. Wollte sie wirklich mit einem glatzköpfigen Hundenarren leben? Sie kannte die Antwort. Es blieb ihr keine Wahl: Sie durfte Martin nie wieder sehen, wenn sie nicht in naher Zukunft noch mehr leiden wollte.

Veronika mußte also sofort ein neues Hobby finden und verreisen. Der Drachenfliegerkurs in Frankreich half nicht. Der Zwang, vor dem Telefon zu sitzen und Gründe zu finden, die einen Anruf rechtfertigten, ja notwendig machten, hörte erst auf, als sie schwanger wurde. Ihr schwuler bester Freund und sie hatten eines Abends eine Torte gebacken und danach – eine Schnapsidee im besten Sinne – mit der Spritztüte künstliche Befruchtung gespielt. Beide strahlen seither um die Wette. Martin ist ebenso vergessen wie Alzheimers Vorname.

Ohne Sex hätte Veronika gar nicht erst heulen müssen. Es gibt keinen Ozean ohne Wasser, keinen Wald ohne Bäume, kein gebrochenes Herz ohne Herzensbrecher. Der Weg zum Herzen führt immer über die Vagina.

Sex ist nicht nur Sex. Wer darauf verzichtet, dem fehlen nicht nur die rhythmischen Zuckungen der Gebärmutter beim Orgasmus oder der Anblick eines Männergesichts, dem Schweißperlen von der Nasenspitze tropfen, während die Augäpfel nach innen verdreht sind. Ginge es allein darum, gäbe es selbst in Altötting den einen oder anderen durchtrainierten Sozialhilfeempfänger, der seinen Lebensstandard kraft seiner Lenden erhöhen würde. Frauen wollen aber keine männlichen Huren, zumindest nicht in dem Maße, daß damit nennenswert Geld verdient werden könnte. Frauen wollen Nähe, Zärtlichkeit und alle anderen lebenswichtigen Zuckerwattegefühle, die Sex neben der Befriedigung auch noch verschaffen kann. Wer keinen Sex hat, findet sie woanders.

Anita sagt: «Ich verteile pro Tag mindestens 50 Küsse, bekomme ebenso viele und bin froh, wenn ich nachts mein Bett für mich allein habe. Ich habe zwei Kinder und wirklich keinen Mangel an Nähe und Streicheleinheiten.»

Ellen sagt: «Ich persönlich beiße lieber in den rosa-duftenden Arm meiner Tochter, als etwa mein Gesicht auf eine behaarte Männerbrust zu legen. Meine Tochter ist viel appetitlicher und liebevoller als jeder Mann – und überhaupt!»

Maria sagt: «Es gibt für mich keinen glücklicheren und sichereren Ort auf der Welt als in den Armen meiner Mutter. Wenn ich als Kind mein Ohr an ihre Brust preßte und ihren Herzschlag hörte, dann wußte ich, daß alles in Ordnung ist. Das ist bis heute so. Ich glaube nicht, daß ich so eine enge Beziehung zu meiner Mutter hätte, wenn ich mit einem Mann leben würde. Ich bin froh, daß ich das nicht verpasse!»

Sabine: «Ich schlafe, wenn es kühl ist, mit meiner Pinguinwärmflasche aus Plüsch. Ich glaube, ich kaufe mir bald eine Katze.»

Helga: «Die Katze streicheln, bis wir beide schnurren,

und eine schöne Tasse Tee mit Honig schlürfen. Es gibt nichts Schöneres.»

Ute: «Wenn ich mich freue, wenn ich traurig bin, wenn ich mich allein fühle, wenn ich übermütig bin oder nur so – ich umarme meine Freunde, natürlich. Aber wenn es sich ergibt, auch Leute, die ich nicht so gut kenne. Die nette Friseurin, die mein Haar so toll geschnitten hat. Den Typen aus dem Plattenladen, dem es gelungen ist, mein atonales Gequietsche mit der CD in Verbindung zu bringen, die ich so lange gesucht hatte. Den Fahrradkurier, der mich fast angefahren hat und dem vor Schreck darüber die Tränen in den Augen stehen. Die Gynäkologin, die mir sagt, daß alles in Ordnung ist. Sogar meine Mutter, aber nur, wenn ich sie überraschend auf der Straße treffe. Ich umarme dauernd Leute, denn körperliche Nähe ist mir sehr wichtig.»

Ich warne Ute ständig davor, Millionen zu umschlingen. «Davon kannst du Läuse bekommen oder Schnupfen.» Sie hält dagegen, daß ihr eine verstopfte Nase und selbst Nissen lieber seien als depressive Stimmungen.

Ute und ich haben ein Frühstücksritual. Wir treffen uns im Café und besprechen kurz die Seelenlage, das Weltgeschehen, und natürlich lästern wir über die anderen Gäste und Passanten.

«Stell dir den mal nackt vor.»

«Bist du verrückt? Meinst du, ich will mich übergeben?»

«Was sind das bloß für Frauen, die mit solchen Kreaturen ins Bett gehen.»

«Solche wie die da drüben, die mit den Hängeschenkeln.»

«Iiiihhh!»

«Nicht so laut. Die guckt schon.»

«Glaubst du, die hat öfter Sex als wir?»

«Ich glaube schon. Häßliche Frauen schlafen doch mit jedem, der sie fragt. Die sind doch froh, daß sie überhaupt jemanden abkriegen.»

«Ich glaube, die ist sogar verheiratet. Der Ring.»

«Kein Wunder. Häßliche Frauen heiraten auch jeden, der sie fragt.»

«Nein! Der in der Cordhose: Sieh dir mal den Gang an. Wie ein Dachs.»

«Würdest du für 30000 Mark mit ihm schlafen?»

«Weiß nicht. Wenn ich das Geld wirklich bräuchte – wahrscheinlich schon. Ich habe ja sogar mit meinem Exehemann geschlafen, umsonst.»

»Iiihhh. Sprich nicht von Sex mit Exehemännern, ich esse!»

«Erkennst du den Schwarzhaarigen mit Sonnenbrille? Das ist Madonnas Lover oder inzwischen vielleicht Exlover.»

«Peter Berg? Stimmt.»

«Verstehst du das? Sie hat nun wirklich die Wahl. Und nimmt sich so ein Bürschchen.»

«Supersingle Madonna schnappt sich einen erfolglosen Jungregisseur. Einen. Das ist das Ende aller Hoffnungen.»

«Worauf?»

«Daß Singles Affären haben können, die, bei Tage betrachtet, nicht peinlich sind.»

«Gut, daß wir keine haben.»

«Wollen wir nächsten Samstag auf die Piste gehen?»

«Gute Idee.»

Samstag morgen um vier. Party bei Bob. Mein Körper zuckte, um den Schlägen der Bässe auszuweichen. Außerdem hatte jemand hinter mir seine Hand in meinem Schlüpfer. Meine Freundin stand bereits seit zwei Stunden Schlange für den Balkon, auf dem Bernd jeweils zwei Frauen gleichzeitig von hinten nahm. Ich langweilte mich und machte mir Sorgen um sie. Das hatten wir doch schon erlebt. Warum schon wieder? «Du schuldest mir 200 Dollar Fummelgebühr», sagte ich mürrisch und zog die fremden Finger aus meinem Schlüpfer. «Und wieviel kostet es, wenn ich sie drinbehalten darf?» fragte ein glockenheller Sopran mit schwerem Züricher Akzent. Das war wenigstens was Neues! Der Abend war gerettet.

Und wenn wir nicht gestorben sind – an Aids oder durch die Hand eines geisteskranken Triebtäters –, dann feiern wir dauernd wilde, hemmungslose Orgien. Wenn es um Sex geht, sind Single-Frauen wie Haie – dauernd auf der Jagd und vollkommen skrupellos. Ihr Lebenszweck ist der Geschlechtsverkehr. So das Image. Die Wirklichkeit ist zum Glück viel besser.

Kinderkram

Warum glückliche Kinder zwar glückliche Väter und Mütter brauchen, aber keinen Trauschein.

«Wie machst du das nur mit den Kindern? Ich könnte das nicht, so ganz allein!» Diese Sätze habe ich bestimmt schon 10 000 mal gehört. Oft klingt es wie ein Vorwurf: «Ich mache es nicht, weil es nicht geht. Du versuchst also das Unmögliche, und die armen Kinder müssen es ausbaden.»

In Ausnahmefällen steckt aufrichtige Verwunderung dahinter. Hausfrauen schütteln ihre Pudeldauerwellen, daß es knistert. Lebende Schaufensterpuppen reißen staunend ihre Glupschaugen auf, so als hätten sie schon wieder ein neues Fremdwort gehört, wie «lukrativ» oder «chthonisch». Solchen Frauen fehlt es vermutlich wirklich an Mut, Phantasie, Humor, Intelligenz und Organisationstalent. Ohne diese Gaben gibt es tatsächlich nicht die winzigste Chance, als Mutter ohne Mann ein einigermaßen aufregendes Eigenleben zu führen. «Doch», sage ich in diesen Fällen und lächle wie eine Sonderschullehrerin, deren schlechtester und überdies zuckerkranker Schüler sagt, er wolle später Astronaut werden, «doch, das würdest du schon hinkriegen.»

Selma gehört zur Mehrheit, die sowohl staunt als auch urteilt. Sie ist 41 Jahre alt und verdient ein Vermögen damit, zahllose Entscheidungen zu treffen, drei Termine auf einmal wahrzunehmen und Menschen dazu zu bringen, das zu tun, was sie will, ohne daß diese es merken. Sie ist Managerin und daher bestens trainiert in allen wichtigen Mutterdisziplinen. Neulich schraubten wir wieder einmal an ihrer biologischen Uhr herum. Selma hätte gern ein Kind. «Weil ein Kind zu haben eine Erfahrung ist, ohne die ich diesen Planeten nur ungern verlassen würde», sagte sie. Ein guter Grund. Besser jedenfalls als «Weil ich nichts mit mir anzufangen weiß» oder «Weil ich es diesem Dreckskerl zeigen will». Und dann fügte sie hinzu: «Aber so ganz ohne Mann, ich weiß nicht.» Ich legte die Hand auf Selmas Stirn. Nein, ihr Kopf wahr kühl. Dann sagte sie die Sätze. Es klang ernsthaft interessiert. Also gab ich ihr eine ernsthafte Antwort.

Ich mache gar nichts Besonderes. Ich verdiene Geld. Ich verreise. Ich gehe aus. Ich bleibe zu Hause und desinfiziere den Kühlschrank. Hätte ich keine Kinder, würde ich im Grunde dasselbe tun: mein Leben leben. Die Kinder werden in naher Zukunft ihr eigenes haben und mich dreimal im Jahr besuchen. Vielleicht werden sie Hubschrauberpilotinnen, die für Geld kleine Dörfer bombardieren. Vielleicht werden sie Ärztinnen und leisten Entwicklungshilfe in Ruanda oder anderen Ländern, wo es nicht unwahrscheinlich ist, bei einem Massaker ums Leben zu kommen. Vielleicht gehen sie ins Kloster, ob es mir paßt oder nicht. Kein Kind führt das Leben, das die Eltern sich wünschen – höchstens aus Zufall, auf den natürlich alle Eltern hoffen. Viele versuchen, den Zufall zu beeinflussen. Als könnte man Würfel hypnotisieren und die Technik erlernen, nur noch Sechsen zu würfeln.

Das einzige, was ich für die Kinder mache, bis ihr Leben als Erwachsener beginnt: Kleinkram. Ich ernähre sie ein paar Jahre lang und stelle die Wohnung, in der sie aufwachsen, zur Verfügung. Ich schicke sie zur Schule, zur Ballett- und Geigenstunde und lasse sie nicht allein zu Hause. Ich stelle Regeln auf und achte darauf, daß sie eingehalten werden. Täglich mindestens zweimal Zähneputzen; während der Woche um acht Uhr ins Bett gehen; niemanden schlagen und so weiter. Kurz: Die Arbeit, die ich mit den Kindern habe, ist kaum der Rede wert. Mir persönlich macht sie so viel Spaß, daß ich sie nicht einmal als Arbeit betrachte.

Ich fühle mich frei, und zwar in dem Sinne, daß ich auch als Mutter tue und lasse, was ich will und mir leisten kann. Wenn ich mitten im Schuljahr eine Woche lang nach Peking fliegen möchte, dann habe ich zwei Möglichkeiten: entweder nehme ich die Kinder mit, oder ich lasse sie zu Hause mit einem Babysitter. Die dritte Möglichkeit, die Selma anscheinend für die einzige hält, ziehe ich gar nicht erst in Betracht: verzichten, der Kinder wegen. Warum sollte ich? Damit ich anfange, sie zu hassen, weil sie mir mein kurzes Leben stehlen?

«Aber», sagte Selma dazu, und ihre Stimme klang triumphierend, «wenn du sie mitnimmst, dann hast du doch nichts von der Reise. Dann sitzt du den ganzen Tag bloß auf chinesischen Spielplätzen und kannst abends nicht ausgehen und gar nichts.» Mußte ich sie wirklich daran erinnern, daß sie die Managerin von uns beiden ist? «Dann nimm eben einen Babysitter mit oder besorg dir jemanden vor Ort. Und frag mich jetzt nicht: ‹Wie – vor Ort?› Sonst erzähle ich das deinem Chef, und du wirst gefeuert. Wegen mangelnden kreativen Potentials.» Natürlich fragte sie dennoch. Die Antwort: Fast alle Luxushotels haben einen Babysitter-Service. Fast immer haben Freunde wiederum Freunde, die dort wohnen, wohin man fahren will; und diese Freunde haben Töchter oder kennen bereitwillige Teenager, Omas oder Mütter, die gern mal ein Kind aus Deutschland einen Tag lang mit den Landessitten vertraut machen. Es gibt tausend Möglichkeiten, ein Kind auf Reisen betreuen zu lassen. Die eine, die man benötigt, findet sich immer.

Selma sprach es nicht aus. Aber sie warf mir einen Blick zu, der verriet, daß sie insgeheim glaubt, meine Kinder seien bedauernswerte Wesen, weil sie ganze Tage ihres Lebens mit fremden chinesischen Teenagern verbringen müssen, von denen sie womöglich mit sauer eingelegten Quallen gefüttert werden. Oder sie werden von Babysittern mit drei Zentimeter langen Fingernägeln den ganzen Tag lang vor den Fernseher gesetzt. Oder sie müssen sogar umziehen, eine Fremdsprache lernen, neue Freunde finden und haben mit vier Jahren bereits ein Flugmeilenkonto. Für Selma sind all das anscheinend Wege, die schnurstracks in die Drogensucht führen, zu Arachnophobie oder manisch-depressiven Störungen.

Selma seufzte schwer und murmelte: «Sicher, das könnte man schon alles organisiert und bezahlt kriegen. Aber.»

«Aber du wünscht dir für dein Kind diese Papa-Mama-Hund-Garten-Kindheit, stimmt's? Du würdest den ganzen Tag backen und basteln, die ersten drei Jahre sowieso, und abends käme Papa mit seiner tiefen Stimme und würde den kleinen Glückspilz in die Luft werfen», sagte ich, «kein Wunder, daß du dir ein Kind nicht zutraust. Wo du keine Ahnung hast, wie man Kränze aus Salzteig formt oder ein Vogelhäuschen aus Pappmaché.»

Selma nickte betroffen.

«Selma, wach auf! Denk nach: Wer sagt, daß eine glückliche Kindheit in Vororten angesiedelt sein muß? Wie viele Loser und Widerlinge kennst du, die in dieser vermeintlichen Idylle aufgewachsen sind? Soll ich dir welche nennen: unsere Exmänner, Drogen-Karla, Marion, die mit 45 immer noch nicht weiß, was sie studieren soll. Und sieh uns beide an. Du aus der Musterfamilie, ich ein Waisenkind – wer ist glücklicher und der bessere Mensch? Schwer zu sagen, oder etwa nicht? Was folgt daraus?» Ich klang wie ein Priester, der eine sterbende Atheistin noch schnell davon überzeugen will, daß es ein Paradies gibt, um eine Seele zu retten. «Laß das mit dem Kind. Du bist doch auch ohne glücklich», schlug ich deshalb vor.

Ich finde nicht, daß Frauen ohne Kinder unvollständig

sind. Ich bin sogar dafür, daß möglichst wenig Kinder geboren werden. Abgesehen von globalen ökologischen Gründen auch aus egoistischen: Je geburtenschwächer die Jahrgänge um meine Kinder herum sind, desto leichter haben sie es, den gewünschten Studienplatz zu bekommen, die Traumwohnung oder den Traummann. Die Schulklassen sind kleiner, die Fahrlehrer netter. Und das Geheimtiphotel wäre dann für sie auch nicht dauernd ausgebucht. Außerdem kann ich Kinder, vor allem kleine Jungs, fast so wenig leiden wie Hunde. Je weniger es davon gibt, desto besser. Die meisten sind als Baby laut, als Kleinkind gewalttätig, als Teenager verstockt. Viele sind in allen drei Phasen zudem häßlich. Ich mag Kinder nur ausnahmsweise: meine beiden Prachtexemplare und etwa zehn, zwanzig andere.

Selma sah mich prüfend an.

«Warum soll ich es plötzlich lassen mit dem Kind?»

«Ich glaube nicht, daß du das schaffen kannst, rein organisatorisch. Und dann bist du es nicht gewohnt, Verantwortung zu tragen. Ganz zu schweigen von den Schwangerschaftsstreifen – man weiß nie genau, ob man dafür eine Kandidatin ist, aber du scheinst mir eine zu sein, mit deiner eher spitzen Nase. Wenn es einen erwischt, gehen sie nie wieder ganz weg, und das Leben ist damit gelaufen, vor allem im Sommer. Und, es muß einmal gesagt werden: Die Geburt tut weh, auch mit Rückenmarkspritze. Das hält eine Heulsuse wie du nie aus. Was, wenn das Baby dir ähnlich sieht? Dann fällst du in eine Wochenbettdepression, aus der du nie wieder rauskommst …» Ich schaffte es gerade noch ins Bad, wo ich mich einschloß und wartete, daß Selma endlich anfing zu lachen.

Alleinerziehende Eltern müssen sich keine Sorgen darüber machen, daß sie zweitklassig sind. Denn Eltern sind ohnehin so gut wie überflüssig.

Herr und Frau Warner aus Canton, Ohio, hätten niemals

gedacht, daß aus ihrem Brian, der ohne besondere Vorkommnisse vom süßen Baby zum begabten Teenager heranwuchs, ein Rockstar würde, der sich Marilyn Manson nennt, mit nacktem Hintern und Totenkopfgesicht auf der Bühne Blut trinkt und der Menge zuruft, sie solle alles kaputtschlagen. Es gibt liebevolle Akademikereltern, deren Söhne zu Postboten mit Alkoholproblemen heranwachsen. Dann gibt es gewalttätige Alkoholikereltern, deren Töchter Mathematiklehrerinnen werden.

Was wird bloß aus den Kindern? Eltern haben darauf ebensowenig Einfluß wie auf das Wetter: Zum größeren Teil bestimmen die Gene unsere Persönlichkeit und zum kleineren gleichaltrige Spielgefährten und Mitschüler.

Endlich hat sich jemand die Mühe gemacht, diese augenfällige Tatsache wissenschaftlich zu belegen: Die amerikanische Autorin Judith Rich Harris hat mit ihrem faktenreichen Buch *The Nurture Assumption* Pädagogen und Psychologen in aller Welt dazu gezwungen, über Elternrollen neu nachzudenken und zu urteilen. Ergebnis: Am Freispruch ist nicht mehr zu rütteln.

Unter anderem stellt das Buch meine meistgehaßte Pseudostatistik richtig, nach der Kinder alleinerziehender Eltern mit größerer Wahrscheinlichkeit in der Gosse landen als Kinder aus intakten Ehen. Es sind nicht die Kinder alleinerziehender Eltern, die häufiger am Leben scheitern, sondern die Kinder armer Eltern – was zugegeben oft, aber nicht immer auf das gleiche herauskommt.

Sogar der amerikanische Psychologe David Lykken, ein Hausfrauenehe-Papst alter Schule, spricht vom «Paradigmenwechsel», den das Buch verursacht habe, und davon, daß ihn die Daten und Fakten regelrecht dazu gezwungen hätten, seine Meinung zu ändern.

Alleinerziehende können also unbesorgt ihr Leben und ihre Kinder genießen. Schmallippige Opferbringer-Eltern, die mit Leidensmiene verkünden, daß Kinder nur gedeihen können, wenn die ganze Familie sonntags immer frisch gebackene Pfannkuchen zum Frühstück ißt, und daß allein das Wort «Hort» bei Dreijährigen später zu höheren Scheidungsraten führt, spinnen erwiesenermaßen.

Judith Rich Harris ist eine ältere Dame, die ihre beiden Kinder als glücklich verheiratete Hausfrau großgezogen hat. Ihr Buch versucht nicht, die Heile-Welt-Kindheit hinter weißgestrichenen Gartenzäunen zu verdammen und Mütter dazu zu ermutigen, Kinder zu vernachlässigen. Sie stellt lediglich klar: Wer das Leben seinen Kindern widmet, hat keine Erfolgsgarantie. Wer seine Kinder links liegenläßt oder mißhandelt, hat keine Mißerfolgsgarantie. Daß Leute, die ihre Kinder schlecht behandeln, schlechte Menschen mit Problemen sind, ist ein ganz anderes Thema.

Wer dafür sorgen will, daß Kinder glückliche Erwachsene werden, kann eins tun: nicht in Slums ziehen, in denen Zehnjährige mit Kokain und Waffen spielen und Zwölfjährige unter Spaß Sex verstehen. Auch nicht schaden kann es, mit gutem Beispiel voranzugehen und positiv, mutig, optimistisch, ehrlich – also glücklich zu sein. Kein Kind wird später ein Psychopath, weil Mami ein Software-Imperium gründet, nach Bali auswandert oder keinen Mann hat.

Selma hat Judith Rich Harris' Buch gelesen und war schwer beeindruckt von den Daten, die sie vor einer Zukunft als Vollzeitmutter in einem ländlichen Reihenhaus bewahren. Natürlich will sie immer noch kein Kind. Hinter ihrem Zaudern steckt etwas anderes: die Ewigkeit.

Kinder kann man nicht zurückgeben. Den Mutterjob kann man nicht kündigen. Es ist eine Beziehung, bis daß der Tod sie scheidet: das Schreckgespenst eines jeden Singles. Die meisten entscheiden sich daher auch nicht für ein Kind. Kinder sind häufig ein Mitbringsel aus einem früheren Leben als Ehefrau oder eine Verhütungspanne.

Melanie ist eine Ausnahme. Sie hat vor acht Jahren ihre Tochter als Baby adoptiert.

«Ich war 39 Jahre alt und hatte alles im Leben erreicht, von dem ich geträumt hatte: Job, Wohnung, finanzielle Sicherheit, Freundeskreis. Nur ein Kind fehlte, ich wollte ein Kind, seit ich denken kann. Einen Mann dagegen nicht mehr, auf gar keinen Fall, nicht einmal einen Kindsvater, der mir ja auch in die Erziehung und in mein Leben hineinreden würde. Ich versuchte es zunächst mit künstlicher Befruchtung. Als es sechs Monate lang nicht klappte, gab ich auf. Ich nahm es als Signal meines Körpers, der wohl nicht mehr fit genug für eine Schwangerschaft war. Ich habe mich an eine Agentur gewandt und bekam nach etwa drei Monaten meine Tochter. Sie ist das Glück meines Lebens und gleichzeitig die größte Herausforderung.

Ich mußte nicht nur lernen, wie man wickelt, Murmeln aus Nasen prokelt und Essen kocht, das Kindern schmeckt. Ich mußte ein anderer Mensch werden: der Egotrip war vorbei. Mein Designertempel ist durch einen rosaroten Barbie-Swimmingpool entweiht. Ich lese *Pippi Langstrumpf*, zum drittenmal innerhalb der letzten drei Jahre. Alles, was ich für mich allein unternehmen will, muß ich sorgfältig planen. Spontane One-Night-Stands und den Tag danach verschlafen sind blasse Erinnerungen. Ein halbes Jahr lang habe ich kaum geschlafen und mußte lernen, als Zombie mit einem IQ von etwa 50 zu überleben, der größte Test für mein Selbstbewußtsein, den ich je bestanden habe, denn nie zuvor habe ich so viele Fehler gemacht und so kleine Aufgaben nicht bewältigt. Es gab Tage, an denen ich es nicht einmal geschafft habe, mich zu waschen und vernünftig anzuziehen. Ich, der Superstar, hatte das Zeug zu einer echten Niete – das war eine Erfahrung, die mich gewaltig erschreckt hat. Mein Leben ist nicht mehr so perfekt wie früher. Ich habe immer mindestens einen abgebrochenen Fingernagel, komme schon mal zu Terminen zu spät, bin häufig mit meinen Gedanken an drei Orten gleichzeitig und habe keine Ahnung mehr, welche Band gerade angesagt ist. Ich werde dafür mit einer Erfahrung entschädigt, die alles wettmacht: Ich muß gar nicht toll sein, um mich zu lieben und geliebt zu werden. Ich brauche nur ich zu sein, das reicht schon. Die Liebe zwischen meiner Tochter und mir ist unbeschreiblich und mit nichts, das ich vorher kannte, zu vergleichen.»

Melanies Tochter sagt über ihre Kleinfamilie: «Ich finde es gut, daß meine Mama mich adoptiert hat, weil ich sonst vielleicht schon tot wäre. Ich will keine andere Mama als meine Mama. Ich möchte einen großen Bruder und eine Schwester, die so alt ist wie ich. Meine Mama kann nicht gut spielen, und manchmal ist es langweilig, wenn meine Freunde nicht da sind. Mein Babysitter ist okay. Aber die spielt auch nicht. Vielleicht adoptiert meine Mama jemanden für mich, aber ich glaube nicht. Sie sagt, das ist ihr zuviel. Ich weiß nicht, ob ich gern einen Vater hätte. Wenn er nett wäre und Mama ihn auch gern hätte, warum nicht? Aber lieber hätte ich einen netten großen Bruder.»

Daniela ist seit vier Jahren geschieden und hat eine siebenjährige Tochter. Ihr geschiedener Mann besucht das Kind fast nie.

«Ich bin Kellnerin, wir haben nicht viel Geld, aber ein schönes Leben. Meine Tochter hat einen Hortplatz, und mein Arbeitgeber ist sehr flexibel mit den Arbeitszeiten. Ich habe großes Glück. Ich kenne Frauen, die von Sozialhilfe leben, weil sie Job und Kind nicht unter einen Hut kriegen. Solange die Kinderbetreuung okay ist, finde ich es nicht anstrengend, Mutter zu sein. Wenn ich von der Arbeit nach Hause komme und sie vom Hort, dann hängen wir erst mal eine Weile miteinander auf dem Sofa herum und kuscheln und reden. Dann gehe ich meistens schnell einkaufen, während sie ein paar Minuten allein zu Hause bleibt. Ich kann mich auf sie verlassen. Sie würde keinen Unsinn anstellen. Dann koche ich, wir essen – wir haben einen festen Tagesrhythmus. An Wochenenden unternehmen wir etwas mit

Freunden. Radtouren, ein Picknick, wir gehen schwimmen oder ins Kino.

Der Vater taucht vielleicht fünfmal pro Jahr auf. Ich weiß nicht genau, ob sie ihn vermißt. Sie redet nicht über ihn, und wenn ich sie frage, sagt sie nein. Sie sagt aber auch, daß sie ihren Papa liebhat. Es wäre schön, wenn sie einen Vater hätte, der sich mehr um sie kümmert. Je mehr Leute ein Kind lieben, desto besser, denke ich. Ich versuche, den fehlenden Vater wettzumachen. Ich bin besonders aufmerksam mit ihr, höre ihr immer zu und umarme sie oft. Wenn ich mal die Geduld verliere, dann entschuldige ich mich sofort und bin danach um so netter. Leider habe ich keinen Männerfreund, der eine Art Vaterersatz sein könnte. Es wäre gut, wenn sie einen Lehrer hätte oder einen Opa. So gibt es überhaupt keinen Mann in ihrem Leben. Ich fühle mich irgendwie schuldig deshalb.

Manchmal, wenn sie schläft, betrachte ich sie und denke: Na, hoffentlich geht das gut, nur wir zwei. Aber, wie gesagt, wir haben ein schönes Leben. Wenig Tränen, viel Lachen. Keine Ehekräche, die sie mit anhören muß! Wir können keine großen Sprünge machen, aber wir freuen uns über die kleinen.

Ich fühle mich freier als während meiner Ehe. Ich habe mehr Zeit für mich selbst und mein Kind. Wenn ich mal ausgehen will oder etwas allein unternehmen möchte, kann ich meine Tochter zu Freunden bringen. Ein Babysitter ist mir zu teuer. Aber am liebsten bleibe ich abends zu Hause. Ich sehe tagsüber genug Leute. Wir zwei sind eine glückliche Familie.»

Danielas Tochter sagt:

«Ich habe eine Mama, bei der wohne ich, und einen Papa, bei dem wohne ich nicht. Ich kann mich nicht mehr daran erinnern, wie es war, als wir noch bei Papa wohnten. Papa und Mama können nicht mehr zusammenleben, weil sie sich nicht mehr liebhaben. Ich habe beide sehr lieb, aber meine Mama ein wenig lieber, weil ich ja öfter mit ihr zusammen bin. Sie ist auch netter, weil sie nie schreit oder mich haut. Papa haut mich auch nicht, aber er hat mal geschrien. Ich kenne ihn auch nicht so gut. Ich möchte keine Geschwister, weil ich meine Mama lieber für mich allein habe. Ich möchte keinen Stiefvater, die sind ja manchmal böse. Blöd finde ich, daß meine beste Freundin weggezogen ist. Wir sehen uns nur noch in den Ferien. Ich vermisse sie sehr. Dann bin ich traurig. Ich habe andere Freundinnen. Aber das ist nicht dasselbe. Ich mag mein Zimmer, meine Lehrerin und die Wochenenden am liebsten auf der Welt. Mama und ich machen immer schöne Sachen an den Wochenenden. Wenn ich groß bin, werde ich auf jeden Fall heiraten. Ich will nicht soviel arbeiten wie meine Mama, und ich will Kinder, einen Jungen und ein Mädchen. Dafür braucht man ja einen Mann.»

Anita lebt seit drei Jahren mit ihren beiden Kindern, die fünf und sieben sind, allein. Der Vater spielt weiterhin eine wichtige Rolle im Leben der Kinder.

«Kinder brauchen Väter, vor allem Söhne, davon bin ich überzeugt. Mein Exmann sieht sie jedes Wochenende und auch während der Woche, wenn es Engpässe mit dem Babysitter gibt oder er Zeit hat. Er kümmert sich jetzt mehr um die Kinder als während der Ehe, was allen gut bekommt. Die Kinder sagen mir jedoch ganz klar, daß sie sich wünschen, wir wären wieder eine richtige Familie, die zusammen wohnt. Sie begreifen nicht, daß mein Exmann und ich uns mögen, aber nicht miteinander leben können. Ich begreife es ja selbst oft nicht. Wenn ich sie dann daran erinnere, wie schrecklich wir uns immer gestritten haben und daß es jetzt doch viel schöner sei, dann geben sie mir halbherzig recht. Manchmal bricht es mir das Herz, daß ich ihren Wunsch nicht erfüllen kann. Ich habe dann ein schlechtes Gewissen, als würde ich sie betrügen. Sie profitieren davon: Ich sage bei anderen Wünschen fast nie nein.

Ich habe sogar diesen schrecklichen Hund gekauft. Es ist alles sehr irrational, denn in Wirklichkeit fehlt es ihnen an nichts. Mein Exmann und ich tun unser Bestes. Wir geben uns Mühe miteinander, damit unsere Elternbeziehung noch so lange hält, bis die Kinder groß sind. Eigentlich kann man sich nicht richtig scheiden lassen, wenn man Kinder hat. Ohne die Kinder hätte ich den Kontakt längst abgebrochen. Das wäre emotional einfacher für mich. Vielleicht will ich keinen Mann kennenlernen, weil ich ja noch einen habe.»

Magdalena hat zwei Söhne ohne Vater großgezogen. Beide studieren inzwischen.

«Mein Leben war wahnsinnig anstrengend. Ich bin immer noch erschöpft, körperlich und seelisch. Die Babyzeit, während der ich keine Nacht geschlafen habe. Die Schulzeit, in der ich wie verrückt zwischen drei Jobs, Schule, Fußballtraining, Kinderarzt hin und her gerast bin. Die ewige Geldnot! Ich habe ja keinen richtigen Beruf gelernt und mußte immer improvisieren. Dann die Pubertät, die wir damit verbracht haben, einander anzuschreien oder zu ignorieren. Ich fühlte mich völlig überfordert, plötzlich zwei Männer im Haus zu haben, die ihre Zimmer verschlampen ließen und der Meinung waren, ich sei ihre Putzfrau. Einer sah plötzlich wie ein Neonazi aus. Der andere fing an zu rauchen. Beide waren schlechte Schüler und erzählten mir nichts mehr. Was machten sie abends, wer waren ihre Freunde, wer war das weinende Mädchen am Telefon – was ging in diesen Köpfen vor? Mädchen hätte ich vielleicht verstanden, aber Jungs? Der Vater hatte sich bereits während der Schwangerschaft in Luft aufgelöst. Er tauchte wieder auf, als die Kinder 16 waren. War 46 und machte einen auf coolen Hippie. Die Kinder waren natürlich fasziniert und besuchten ihn am Wochenende in seiner Studenten-WG-Bude. Ich habe sie gelassen, war ja auch eine Erleichterung für mich: ein freies Wochenende! Finanziell hat er mich natürlich nicht unterstützt. Er hat sich auch nicht um den Alltag gekümmert, also die Kinder etwa irgendwohin gefahren oder sich um ihre Schulprobleme gekümmert. Kein Gedanke daran! Das Vaterglück dauerte etwa ein Jahr lang. Dann verschwand er wieder, ich glaube, nach Indien in einen Ashram.

Die Jungs bestanden das Abitur. Ich konnte mich immer auf sie verlassen, wenn es wirklich drauf ankam. Sie sind vor zwei Jahren ausgezogen, studieren und leben von ihren Jobs und BaföG. Wir telefonieren etwa einmal pro Woche. Ich habe den Eindruck, es ist alles gutgegangen. Mein Leben könnte jetzt beginnen. Bisher habe ich ausschließlich das Leben meiner Kinder geführt. Kein Gedanke an meine eigenen Wünsche. Ich habe sogar vergessen, was sie waren. Ich bin so müde. Hätte ich eine Tochter, die mit Zwillingen schwanger wäre, ohne Mann und Beruf – ich würde ihr sagen: Stell es dir wie einen Marathon vor, der 20 Jahre lang dauert. Wenn dir laufen keinen Spaß macht, dann laß es. Es gab einige Momente in meinem Leben, in denen ich heulend im Bett lag und mich in eine andere Haut wünschte. Aber im Grunde habe ich meine Entscheidung nie bereut. Natürlich nicht! Ich liebe die Kinder über alles. Ich liebe sie mehr als mein Leben. Ich vermisse sie.»

«Wie machst du das bloß mit den Kindern? Ich könnte das nicht, so ganz allein!»

Magdalena hat diese Frage immer so beantwortet: «Du bist immer allein, wenn du versuchst, dein Bestes zu tun. Niemand kann dir dabei helfen, eine gute Mutter zu sein, ebenso wie dir kein anderer Mensch dabei helfen kann, ein guter Mensch zu sein. Ich wäre keine bessere Mutter, wenn die Kinder einen guten Vater hätten. Mein Leben und das der Kinder wäre vielleicht einfacher. Aber sind wir auf der Welt, um ein möglichst leichtes Leben zu haben? Wohl kaum. Dann schon eher, um zu versuchen, unser Bestes zu tun.»

Schuldgefühle, Sorgen, Angst, Erschöpfung – auch wenn Mütter das Gefühl haben, ihr Leben sei davon überschattet, kommen sie zu dem Ergebnis: Kinder sind das große Glück.

Sehen Erwachsene ihre Kindheit mit einer Single-Mutter ebenso verklärt?

Sigrid, 50, Managerin, sagt: «Es war nicht leicht als Kind, denn in der Schule mußte ich mir schon einiges anhören, aus der Ecke: ‹Du bist nicht wie wir, und deine Mutter ist eine schlechte Mutter.› Ich habe meinen Vater aber niemals vermißt. Meine Mutter hat mir alles gegeben, was ich brauchte: Liebe, Sicherheit und Selbstvertrauen. Sie hat immer gearbeitet. Ich habe viel Zeit bei meiner Großmutter verbracht, die bei uns lebte. Ich bin in einem Frauenhaushalt großgeworden, mit zwei starken, lustigen Frauen, die mir zeigten: ‹Du kannst alles erreichen, was du willst, wenn du dich anstrengst und an dich glaubst.› Sie waren meine Vorbilder. Gibt es bessere?»

Nicole, 20, Schülerin, sagt: «Meine Mutter versucht oft, mit mir über meine Kindheit zu sprechen. Sie will herausfinden, was sie alles falsch gemacht hat. Sie denkt wohl, daß jetzt noch Zeit für Reparaturen ist. Ich halte ihr dann immer einen Vortrag, der ungefähr so geht: Liebe Mama, meine Kindheit war gut und schlecht, wie jede Kindheit. Ich habe ein paar harmlose Schrammen, aber keine klaffende Wunde. Ich interessiere mich nicht sonderlich für meine Vergangenheit. Hast du dies und jenes vermißt als Achtjährige? Vielleicht finde ich die Frage spannend, wenn ich älter bin. Aber zur Zeit bin ich voll und ganz mit meiner Gegenwart und Zukunft beschäftigt. Und jetzt, liebe Mama, laß mich in Ruhe damit. Kümmere dich doch um deine eigene Kindheit, wenn du so versessen bist auf die Vergangenheit. Oder schmiede Zukunftspläne, so alt bist du doch noch nicht! Meine Mutter! Sie denkt irgendwie, es sei ihr Fehler, daß ich rauche, keine Lust auf Mathe habe oder einen merkwürdigen Freund. Selbst wenn es so wäre: Sie bräuchte sich keine Vorwürfe zu machen. Denn ich mag mich. Mit Zigarette im Mund und einer Fünf in der Klassenarbeit und meinem verkifften Robert. Ich bin gern auf der Welt. Ich bin gern ich selbst. Ich habe gern genau meine Probleme und Schwierigkeiten. Ich will keine anderen. Ich will kein anderes Leben.»

Frederik, 22, arbeitslos, sagt:

«Meine Kindheit war scheiße. Kaum hatte ich mal ein paar Freunde, schon sind wir wieder umgezogen. Kaum hatte ich einen Typen mal gern, schon kam der nächste Papa. Meine Mutter hat mich mit 19 bekommen. Sie war ein Kind und ist bis heute nicht erwachsen. Jetzt lebt sie mit so einem Alkoholiker zusammen, der sie regelmäßig verprügelt. Hätte sie ja gleich bei meinem Vater bleiben können. Ich kann ihr nicht helfen. Sie hat mir auch nie geholfen, dabei wäre das doch ihr Job gewesen. Ich habe keine große Hoffnung für meine Zukunft. Sozialhilfe, ein paar Jobs, mit Freunden rumhängen. Ich möchte keine Familie. Die Verantwortung ist mir zu groß. Die meisten meiner Kumpel sind in normalen Familien aufgewachsen. Die machen auch keinen glücklicheren Eindruck. Die haben auch keinen Job. Meine Mutter kommt aus einem intakten Elternhaus. Hat ihr auch nichts geholfen. Das Leben kann so oder so schieflaufen. Ich glaube nicht, daß meine Mutter schuld daran ist, daß es mir schlechtgeht. Dann schon eher die Wirtschaftslage, die einem keine Chance läßt ohne Abitur.»

Katharina, 43, TV-Produzentin:

«Meine Mutter hat alles getan, damit ich ein besseres Leben haben kann als sie. Wir lebten von ihrer Witwenrente und von dem Geld, das sie als Putzfrau dazuverdiente. Sie hat alles in meine Ausbildung investiert. Schon als kleines Mädchen wußte ich, daß ich mir Mühe geben mußte. Ich spürte den Druck, die Erwartungen meiner Mutter zu erfüllen. Ich war stolz, wenn es mir gelang, und verzweifelt, wenn ich versagte. Ich habe heute dieses ‹bessere Leben›. Meine Mutter ist mehr als zufrieden mit mir. Und ich? Ich bin sehr ehrgeizig. Ich kämpfe und kämpfe und weiß manchmal nicht genau, ob ich den Sieg wirklich will. Manchmal habe ich das Gefühl, ich lebe nicht mein Leben, sondern ihres. Vielleicht wäre ich lieber Hausfrau und würde schöne Bilder malen. Na ja, vielleicht stecke ich auch nur in der Midlife-crisis. Es wäre nicht fair, meiner Mutter einen Vorwurf zu machen. Sie hat mir so viel gegeben. Es hat mir während meiner Kindheit an nichts gefehlt.»

Selma ist abends zur Zeit telefonisch nicht mehr zu erreichen. Sie surft im Internet und recherchiert Samenbanken. Tagsüber teilt sie mir regelmäßig die Nachteile der verschiedenen Organisationen mit: zu teuer, geben den Namen der Spender nicht bekannt, verwenden die Spender so oft, daß die Gefahr besteht, daß das Kind später den Halbbruder heiratet. Ihre Informationswut wird vermutlich damit enden, daß sie demnächst die perfekte Samenbank gründet. Dann hat sie zwei Topjobs – und einen Grund mehr, kein Kind zu bekommen.

Schönes Wochenende, oder was?

Warum das Leben nicht nur während der Freizeit stattfindet, ausgenommen Sex, Malkurse, Sport, Krankenbesuche etc.

Freizeit ist, wenn wir das Geld, das wir während der Arbeitszeit verdienen, endlich ausgeben können. Samstags verwandeln sich Millionen von Chefs, Sekretären oder Hebammen in Konsumenten und Verbraucher. Ob wir Löhne und Gehälter für Eintrittskarten für Fußballspiele, Taucherausrüstungen, Flugreisen nach Kanada investieren oder zu Hause bleiben, uns Schaummasken aufs Gesicht streichen und die Rundfunk- und Fernsehgebühren absitzen, hängt von mehreren Faktoren ab: In erster Linie vom Einkommen, vom Alter, Geschlecht, den Interessen, der Anzahl der Kinder und der Gesundheit. In zweiter Linie vom Familienstand. Wer alleine lebt, verbringt seine Freizeit nicht mit Paartherapien oder damit, jemanden zu beschuldigen, er habe die letzte Milch ausgetrunken und keine neue gekauft.

Aber sonst? Das Freizeitverhalten des durchschnittlichen zufriedenen Singles unterscheidet sich kaum von dem eines durchschnittlichen Paares. Aus Marketingsicht existiert der Single nicht auf diesem Planeten, denn der Single verhält sich in der Freizeit nicht als Single, sondern als Reiter, Gärtner oder Frau. Deshalb gibt es Reiter-, Gärtner- und Frauenzeitschriften. Es gibt jedoch keine erwähnenswerte Single-Zeitschrift, denn Singles sind keine Zielgruppe. Sie haben kein gruppenspezifisches Konsum-, und damit auch kein Freizeitverhalten.

Lediglich kurz nach der Trennung unterscheiden sich Singles tatsächlich vom Durchschnittspaar. Dann taucht das «Jetzt aber richtig»-Phänomen auf, das jedoch nach ein, zwei Wochen wieder verschwindet: Die Decke fällt einem auf den Kopf. Die Folge ist eine manisch-depressive Grundstimmung, in der der frisch getrennte Single heulend auf dem Bett liegt, plötzlich aufspringt und forsch «Jetzt aber richtig!» ruft. Was in der Langfassung bedeutet: «Ich werde mir jetzt endlich das Cello kaufen und Unterricht nehmen.» Oder: «Ich werde jetzt endlich ein Jahr in einem tibetanischen Kloster verbringen und zu mir selbst finden.» Oder: «Ich werde gleich morgen damit anfangen, Fallschirmspringen zu lernen.» Je nach Temperament setzt man die Idee tatsächlich um, oder man legt sich nach längerem Studium der Gelben Seiten zurück aufs Bett und weint weiter.

Glückliche Singles haben diese Phase längst hinter sich. «Jetzt aber richtig!» steht nicht länger für Abenteuerurlaube oder radikale Maßnahmen zur Erweiterung des persönlichen Horizonts. Man ist schon längst einmal aus einem Flugzeug gesprungen und auf dem Himalaja herumgeklettert. Das war zwar ganz okay, aber auch nicht der neue Lebenssinn. «Jetzt aber richtig!» bedeutet inzwischen vor allem ausschlafen. Nichts tun oder wenigstens nichts Besonderes. Langzeit-Singles gehen völlig unaufgeregt ins Wochenende. Genau wie das Ehepaar Meyer werden sie ein wenig einkaufen, ein wenig kochen, ein wenig Sex haben, Sport treiben, Oma besuchen und vielleicht ein Kino oder einen Gottesdienst. Auch Urlaube dienen nicht der verzweifelten Jagd nach Lebenspartnern, sondern der Entspannung oder Bildung. Glückliche Singles liegen am Strand und schmoren in Kokosmilch mit Lichtschutzfaktor. Sie sitzen auf Schemelchen vor Kathedralen und malen die Fassade ab. Sie zerren Barrakudas aus dem Wasser. Sie töpfern sich die Finger schrumpelig. Sie gehen mit der netten Urlaubsbekanntschaft einheimisch essen, haben Sex unter freiem Himmel und danach ein schlechtes Gewissen. Wie Tausende von verheirateten Touristen auch.

Natürlich meiden kinderlose Singles im Urlaub Familienhotels, ebenso wie Senioren nicht zur Love Parade fahren oder Großfamilien in den romantischen Honeymoon Beach Club. An den Wochenenden gehen Singles öfter tanzen und ins Kino, weil sie keinen Partner haben, der sie davon abhält. Mit einem Partner muß man Kompromisse machen, auch beim Freizeitprogramm. Ohne Partner kann man tun und lassen, was man will, wobei die meisten Singles die Betonung auf lassen legen.

Liliana sagt: «Manchmal ist es im Job lustiger als während meiner Freizeit. Manchmal ist es andersrum. Ich setze mich nicht unter Erfolgsdruck, als müßte ich am Montag ein besonders gelungenes Wochenende vorweisen. Warum? Manchmal schlafe ich nur und rede mit keinem Menschen. Das ist in Ordnung. Ich finde es stressig, die ganzen guten Sachen in die Wochenenden und Urlaube packen zu wollen. Da wird man doch nur enttäuscht. Lieber versuche ich, jeden Tag was Gutes zu erleben, dann muß ich in meiner Freizeit nicht hinter besonderen Erlebnissen herjagen.»

Claudia sagt: «Ich bin froh, wenn ich ganz allein in meiner Wohnung bin und mit niemandem reden muß. Ich liebe meine Wohnung. Ich denke nach, ich lese, ich döse, ich sortiere Briefe. Niemand stört mich. Ich beschäftige mich mit mir selbst. Das ist für mich die beste Erholung.»

Sabine sagt: «Natürlich lerne ich während meiner Freizeit Männer kennen, wann denn sonst? Aber ich gehe nie mit dem Ziel vor Augen los: ‹So, jetzt schleppst du einen ab.› Wenn es doch passiert, dann allerdings nie während der Woche. Ich muß viel zu früh aufstehen und alles. Die Woche gehört dem Job. Sex findet, wenn überhaupt, nur am Wochenende und im Urlaub statt.»

Ich verbringe meine Freizeit am liebsten damit, meiner kleinen Tochter beim Spielen zuzusehen oder ihr die Welt zu zeigen und sie mir von ihr erklären zu lassen. Und letzten Samstag war ich in Neuguinea. Dort lebt ein Stamm, der

Telefol heißt und als besonders gastfreundlich gilt. Wer hungrig ist, rupft einfach einen Kolibri und wirft ihn in kochendes Wasser. Lebend. Ich möchte hier nicht näher darauf eingehen, wie es den Hausschweinen dort ergeht, bis sie endlich am Grill rösten.

Wochenenden, Feiertage, Urlaube vergehen im Nu, wenn ich sie zwischen zwei Buchdeckeln verbringe. Es gibt Singles, die leben einzig und allein deshalb ohne Partner, um in Ruhe lesen zu können. Der Anblick eines Partners, der tagsüber in ein Buch vertieft ist, weckt nämlich selbst bei kaltblütigsten Sexgegnern zügellose Lust.

Sie will das Buch, er will Sex. Er will mit dem Kind nach Disneyland fahren, sie hält Orlando für den pädagogisch schädlichsten Ort der Welt. Sie will die Toskana malen, er lacht sie aus. Sie will ein Pferd, er ein Boot. Er will schlafen, sie will Action. Ohne Grundsatzdiskussionen über Themen wie diese ist das Leben wesentlich einfacher. Wer die Eigernordwand besteigen will, Haie streicheln oder an einem Roulettetisch sein Erbe auf Schwarz setzen möchte, tut es einfach. Da ist niemand, der versucht, es einem auszureden. Kein Spaßverderber – prima. Kein Schutzengel – natürlich nicht. Man ist sich selbst ausgeliefert, so ist das eben, wenn man ein erwachsener Mensch ist, der ohne Mutter und Vater lebt.

Partner-Hotlines. Agenturen zur Partnervermittlung. Katholische Single-Wochenenden mit Würstchen vom Grill und dem Alleinunterhalter Joschi an der Hammondorgel. Weihnachtsball im Club der einsamen Herzen. Hilfe, ich bin Single! Solche Veranstaltungen sind ein Segen für Singles, die ihr Leben allein nicht ausstehen können oder sich erst noch daran gewöhnen müssen. Wer frisch geschieden ist, verliert oft nicht nur den Mann, sondern auch die Freunde, denn Paare sind mit Paaren befreundet. Wer plötzlich allein ist, hat vielleicht auch einfach keine Lust darauf, das dritte Rad am Wagen zu sein. Beim Single-Wandern stiefeln Gleichgesinnte durch Wald und Feld. Man kann sich ausheulen, aufmuntern, vergleichen, Freunde finden und Sexpartner. Cluburlaube sollen diesem Zweck besonders dienlich sein.

Mir sind Single-Clubs und -Treffs ein Greuel. Ich stelle sie mir als eine Art Vorhölle vor, in der sich alle drei Minuten ein pomadiger Zwerg an meinen Ausschnitt quetscht und sabbernd die drei Worte näselt: «Auch allein hier?» Ja, ich bin allein hier. Single. Bedürftig. Aber gibt das jedem der Anwesenden das Recht, mich anzusprechen? Ich darf mich nicht einmal belästigt fühlen, denn ich bin ja extra hergekommen, um mich – sozusagen – belästigen zu lassen. Schreckliche Zwickmühle. Ich würde mich niemals da hineinbegeben und womöglich noch Eintritt dafür bezahlen. Freunde oder Sexpartner findet man anderswo auch. An Kinokassen, beim Joggen, vor Aldi. Überall.

Ich lebe in New York mit über drei Millionen weiteren Singles. Ich kenne eigentlich nur Singles. Die kommen auf alle möglichen Freizeitideen, nur auf Single-Veranstaltungen gehen sie nie. Obwohl es hier davon nur so wimmelt.

Ute sagt: «Für mich wäre das wie eine Bankrotterklärung: Mein Leben ist total unerträglich, kann mich bitte jemand davor retten? Bevor ich auf einem Single-Ball tanzen würde, würde ich erst alle anderen Register ziehen: meine berufliche Situation ändern, umziehen, eine Therapie machen. Wenn ich mein Leben allein schrecklich finde, dann kann es doch gar nicht sein, daß es zu zweit plötzlich wieder toll ist. Diese Rechnung geht für mich nicht auf. Entweder ist man glücklich oder nicht. Wer einen Partner sucht, weil er sich langweilt, fürchtet oder ähnliches, der wird sich auch mit ihm fürchten oder langweilen. Auf Single-Treffs sind wahrscheinlich nur frustrierte Leute, die sich von mir retten lassen wollen. Oder Perverse. Oder Witzbolde. Nein danke.»

David, Anwalt, Ende Dreißig, hat einen typischen New Yorker Mittelweg gefunden. Er verbringt seine Freizeit zwar nicht in einem Club der einsamen Herzen, aber an einem Ort, an dem sich viele aufhalten. David ist ehrenamtlicher Präsident eines Wohltätigkeitsvereins, der obdachlosen Jugendlichen hilft. Sammlungen und Feste müssen organisiert, Räume angemietet und renoviert werden. Die meisten der freiwilligen Helfer sind Singles. Tue Gutes und finde jemanden, dem du dabei tief in die Augen blicken kannst. Eine Kombination, die im pragmatischen New York weit verbreitet ist. Die hiesige Leukämiegesellschaft ist etwa dafür bekannt, daß sich wohltätige Arbeiten dort auch privat besonders, ähm, auszahlen.

«Ich mache die Arbeit, um der Gesellschaft etwas zurückzugeben. Ich habe ein gutes, privilegiertes Leben. Ich betrachte es als meine Pflicht, Menschen, denen es unverschuldet schlechtgeht, zu helfen. Sicher, ich habe durch mein Amt einige nette Menschen kennengelernt, auch nette Frauen. Das ist ein sehr angenehmer Nebeneffekt, aber nicht die Hauptsache», sagt David.

Mir ist dieser Wohltätigkeitsheiratsmarkt zu amerikanisch. Aber das Grundprinzip gefällt mir: Verbringe die Freizeit mit etwas Sinnvollem. Und falls dir jemand über den Weg läuft, der einen zweiten Blick wert ist – auch gut.

Was ist sinnvoll? Hedonisten mit sechsstelligem Kauflimit haben es besonders schwer, diese Frage zu beantworten, denn sie werden mit Freizeitangeboten nur so zugeschüttet.

Was ist stressiger, als die Entscheidung zu treffen zwischen einer Liebesnacht in Marrakesch, einem Einkaufsbummel in Mailand, einem Genußmittelausflug nach Amsterdam, zwischen einem Modebummel in lokalen Boutiquen, Drinks in Bars und Diskotheken, Bällen und Opernpremieren, die man besuchen, Segelflugzeugen, die man fliegen lernen, Skiern, die man fahren lernen könnte,

Pferden, die man reiten, Hunden, auf die man wetten, Wochenendhäusern, die man renovieren könnte? Da ringt man sich mühsam den Entschluß ab, mit der Freundin übers Wochenende nach Helsinki zu fliegen – «mal ganz was anderes» –, und dann ist es dort von früh bis spät finster und schneit und stürmt in einem fort – und schon hat man wieder kostbare Freizeit sinnlos verschwendet.

Sammy, 36, besitzt eine Werbeagentur. Auf der nach oben offenen Luxusskala wäre ihr Leben ganz in der Nähe der Öffnung angesiedelt. «Die Concorde ist die beste Erfindung seit dem Rad», sagt sie, weil sie fast jedes Wochenende damit – wenn möglich – unterwegs ist zu einem gesellschaftlichen Großereignis. Sie kennt das Problem: Da ist sie in Paris bei einer Modenschau mit Backstage-Zutritt und Einladung zur anschließenden Party – und die wirklich wichtigen Leute sind alle in New York zur Ausstellungseröffnung des neuen genialen Künstlers in der angesagtesten Galerie. «Pannen passieren. Aber meistens bin ich natürlich schon am richtigen Ort, sonst wäre ich längst weg vom Fenster», sagt sie. Einige ihrer «richtigen Orte»: Adelige Freunde besuchen in Miami. Einkaufen in London. Nach Ibiza jetten, die neue Yacht ihrer Freunde Manni und Mausi einweihen.

Sammy ist der Schrecken jeder Gewerkschaft. Statt für mehr Freizeit plädiert sie für weniger: «Auf meinen Trips treffe ich auch potentielle Kunden und knüpfe Kontakte. Freizeit und Arbeit fließen darum bei mir ständig ineinander: Sobald ich das Haus verlasse, kann ich beide kaum voneinander unterscheiden. Freizeit pur kenne ich nur, wenn ich das Telefon ausschalte, die Haushälterin abbestelle und in meiner Wohnung bleibe. Meistens schlafe ich dann und lese ein wenig. Aber das kommt selten vor, denn beides kann ich ebensogut im Flugzeug erledigen, oder etwa nicht? Freizeit pur finde ich langweilig und überflüssig.»

Jerry ist Pharmareferentin mit geregelter Arbeitszeit, Anfang Dreißig. Auch sie wirft sich jedes Wochenende ins Freizeit-Jet-set-Leben, obwohl sie nicht reich ist. Dafür ist sie um so schöner: «Ich werde oft für Jennifer Lopez gehalten», sagt sie, lächelt von schräg unten nach oben und klappt verschwörerisch das rechte Auge zu, was bei normalen Frauen eher blöd aussieht. Bei Jerry wirkt es jedoch bezaubernd. In ihrem hautengen hellblauen T-Shirt und mit dem perfekten Styling ist Jerry schon vor dem Mittagessen eine fleischgewordene Männerphantasie. Zur Zeit ist ihr Mann ein lateinamerikanischer Superpopstar. «Nichts Ernstes. Wir gehen nur miteinander aus. Mit ihm komme ich in jede VIP-Lounge, das ist der Hauptvorteil. Ich verliebe mich doch nicht, und schon gar nicht in einen Star! Ich bleibe allein», versichert Jerry. «Ich bin jedes Wochenende unterwegs», erzählt sie, «tanzen, Spaß haben, das ist mein Leben!» Jerry sagt, das Nachtleben sei ein teurer Spaß, obwohl sie niemals für Eintritt, Drinks oder gar Limousinen bezahlen müsse: «Das ist Männersache.» Aber: «Ein Outfit kostet leicht 1000 Mark. Weil in der Szene jeder jeden kennt, kann man es nur alle drei, vier Monate anziehen. Ich habe also mindestens 20000 Mark im Kleiderschrank hängen, ganz zu schweigen von den Schuhen. Außerdem wechsle ich mindestens einmal im Monat meinen Look. Ich lasse mein Haar schneiden, verlängern, färbe es um – das kostet jedesmal ein paar hundert Mark.» Wozu der Aufwand?

«Ich mache mich schön, weil ich diesen Schönheitswettbewerb gewinnen will, der unter Frauen insgeheim stattfindet. Sieht sie besser aus als ich? Ist ihre Frisur raffinierter als meine? Wenn ich alle Fragen mit nein beantworten kann, dann war es ein guter Abend. Ich bin sehr hübsch und sehr intelligent. Ich brauche für beides reichlich Bestätigung. Beruflicher Ehrgeiz ist anerkannt, wogegen körperlicher Ehrgeiz als oberflächliche Eitelkeit abgetan wird – was ist das für eine Heuchelei? Man gilt doch automatisch als dämlich, wenn man offen zugibt, daß man gern gut aussieht und eine Menge dafür tut.»

Der Single verbringt seine Freizeit mit der Suche nach Geld, Luxus, Sex oder der Bestätigung seiner sexuellen Attraktivität. Jerry und Sammy halten sich strikt an dieses Vorurteil, andere nicht. Die meisten, die ich kenne, jetten weder durch die Welt, noch flirten sie, bis die Augen brennen. Sie treiben in ihrer Freizeit vielmehr Sport. Und wenn man sie fragt, warum, dann antworten sie: «Weil es Spaß macht.» Ich glaube jedoch, daß das nur eine nette Umschreibung ist für: «Weil ich süchtig danach bin.»

Sport gehört eindeutig in die Kategorie «Medikamente und Drogen». In kleinen Mengen fördert Sport die Verdauung, senkt den Cholesterinspiegel und den Blutdruck, hebt die Laune und den Hintern. Überdosiert führt Sport zu Herzinfarkten, Schleudertraumen, Beinbrüchen und zum Tod. Vorher macht er süchtig. Da Alleinlebende niemanden haben, der ihnen ihr Suchtmittel madig macht, sind sie besonders gefährdet.

Jeder, der einmal in die Fänge von Step Aerobic geraten ist – was besonders leicht passiert –, kennt die Symptome. Um 18.30 Uhr beginnt die Stunde. Voller Vorfreude summt man bereits: «I will survive...» und übt im Geiste den trickreichen «over the top – turn step – travel knee lift»-Teil der Choreographie. Dann ruft die Chefin um 17.30 Uhr unerwartet zur Konferenz. Der einzige Gedanke, den man fassen kann: «Hoffentlich verpasse ich mein Step Aerobic nicht.» Um 18 Uhr zittert man bereits wie ein Junkie am ganzen Leib und ist den Tränen nah. Um 18.15 Uhr ist man bereit, Kopf und Kragen für die Droge zu riskieren. Man springt auf und ruft: «Ich gehe! Schmeißt mich ruhig raus! Ich kann nicht anders!» Leicht werden aus einmal pro Woche dreimal, denn wie bei jeder Droge muß die Dosis erhöht werden. Es gibt Frauen, die am Ende aussehen wie

Arnold Schwarzenegger, als er noch Bodybuilder war. Bedauernswerte Wesen ohne Arbeitsplatz, deren einziger Lebenszweck es ist, zu schwitzen, zu hüpfen und den Fettanteil im Körper zu verringern.

Sport ist legales Kokain. Er macht fit, high, ist leicht zu beschaffen, gesellschaftlich toleriert, und ein einflußreicher Wirtschaftszweig verdient eine Menge Geld damit. Kein Wunder, daß Sport so überaus populär ist.

Susanne beobachtet ab Freitag mittag angespannt den Flügelschlag der Mauersegler, um zu entscheiden, ob der Wind richtig steht für ihren Delta-Drachen. Falls ja, ist das Wochenende gerettet. Dann schnallt sie sich die künstlichen Flügel um, nimmt Anlauf und stürzt sich einen Abhang ihrer Wahl hinunter. Ob in der Hoffnung zu überleben oder zu sterben – das hängt davon ab, ob sie gerade in einer manischen oder in einer depressiven Phase steckt. Die Wahrscheinlichkeit, wohlbehalten zu landen, ist jedenfalls kaum größer als die, an einem Felsen zu zerschellen.

Peter zerrt den Hammer aus dem Besenschrank und wirft ihn, bis die Schulter ausgeleiert ist. Er gehört zu den Menschen, für die Weihnachten und Ostern Synonyme für Skiurlaub sind. Sommerferien stehen für Tauchen, Surfen und alle anderen Aktivitäten, bei denen man leicht ertrinkt. Im Herbst rufen ihn die Berge. Von wegen einsames Naturerlebnis: Über den Alpen breitet sich ab Ende August ein metallischer Klangteppich aus. Die Hälfte der Bevölkerung der Niederrheinischen Tiefebene hängt an Steilwänden und treibt Stahlösen ins Gestein. Die meisten sind Singles, denn ein Partner mit Verstand würde ein derart gefährliches Freizeitverhalten kaum gutheißen.

Stefan, 32, Betriebswirt und schön wie die Sünde, treibt den Spaß auf die Spitze und ist in einem Sportverein. Er behauptet: «Ringen ist ein wichtiger Teil meines Lebens.» Überdies der Teil, der überwiegend am Wochenende stattfindet. Sonntags bleibt Stefan den ganzen Tag im Bett, weil ihm vom Kampf alles weh tut. Jetzt eine Frau? Die womöglich etwas unternehmen will? Die redet und ihm sagt, er solle gefälligst aufstehen und sich wenigstens die Zähne putzen? Die Hölle. Das Single-Leben ist sinnvoller denn je.

Jerry, Sammy, Stefan und die anderen Sportler sind Beispiele für typische Single-Freizeiten: Sie tun, was alle anderen auch tun. Ich habe keinen einzigen Single getroffen, dessen Freizeit spektakulärer verläuft, weil er allein lebt.

Die Frau, die sich von Freitag bis Sonntag bewußtlos trinkt, der Mann, der aus dem Büro direkt ins Bordell springt, die Freundinnen, die jeden Samstag auf einen anderen Ball der einsamen Herzen fahren und im Sommer nach Tunesien zu den preiswerten Männernutten – da es alles gibt, gibt es sicher auch diese Fälle. Verlorene Seelen, arme Würstchen, tragische Einzelschicksale. Von ihnen Schlüsse auf die «Singles» zu ziehen, wäre etwa so sinnvoll, wie zu behaupten, Eheleute seien während ihrer Freizeit besonders gefährdet, einem Tötungsdelikt zum Opfer zu fallen. Natürlich gibt es Familienväter, die am Heiligabend mit der Axt auf ihre Ehefrau losgehen. Aber diese Einzeltragödien als Beispiel für das typische Weihnachtsverhalten von Paaren zu nehmen ist weit hergeholt.

Singles verbringen ihre Freizeit wie du und ich. Ich weiß vor allem in meiner Freizeit immer, was ich will. Und was ich will, wird gemacht. Ich wüßte wirklich nicht, was ich in meiner Freizeit mit einem Partner anfangen würde!

Briefe an den Traumprinzen

Warum alle eine mehr oder weniger geheime, mehr oder weniger heiße Affäre mit ihm haben.

Traumprinz!
Kannst Du bitte mit diesem Quatsch aufhören? Es ist langsam nicht mehr witzig mit diesen Doppelgängern, die Du mir in die Arme wirfst. Am gemeinsten war der letzte. Als der vor mir stand, mich anstrahlte und diese winzige Lücke zwischen den oberen Schneidezähnen aufblitzte, war ich mir zu 40 Prozent sicher. Das mußtest Du sein, seit Jahren, träume ich Dich mit dieser Art von Gebiß! Auch der Beruf stimmte: Zahnarzt, mit einer Patientenliste, die sich liest wie der Abspann eines Robert-Altmann-Films. Wir gingen also tanzen. Und was geschah neben der Tanzfläche? Sag es mir, Schuft! Denn Du weißt, daß der Anblick mich dahinschmelzen läßt! Richtig: Er spielte Luftgitarre. Und dann die Schuhspanner, die er liebevoll im Regal aufreihte. Ich liebe diese altmodischen Holzskulpturen und die modernen Männer, die sie verwenden. Du hattest an alles gedacht. Ich war mir schon zu 95 Prozent sicher, daß Du es warst. Mein Herz jubelte, ich spitzte die Lippen und küßte dieses Geschöpf voller Inbrunst – den Rest kennst Du. Es verwandelte sich in eine Kröte. Wie die anderen.

Ich hasse Dich, gemeiner Alptraumprinz!

Deine Claudia

Lieber Traumprinz,
es war nicht so gemeint. Ich habe in meiner Wut kurz vergessen, daß Du ja bloß mein Hirngespinst bist und kein Zauberer. Die Kröten sind natürlich allein meine Schuld, vor allem die letzte. Wie konnte ich diesen Backenzahnfüller nur für Dich halten! Er war, genauer betrachtet, einen halben Kopf kleiner als ich und hatte einen Schmerbauch. Er besuchte jedes Wochenende seine Mutter. Selbst psychologische Ignoranten sollten wissen, was das bedeutet: Untherapierbares Vollversagertum. Und dann trat ihm Angstschweiß auf die Stirn, als ich ihn einmal bat, ein Wochenende lang das Meerschweinchen zu versorgen: ‹Nein! Die Verantwortung ist mir zu groß! Was, wenn es stirbt?› winselte er. Dazu gackerte er, wenn er lachte. Ich habe, mal wieder, die Zeichen übersehen. Entschuldige, daß ich ihn für Dich hielt. Kommt nicht wieder vor.
’tschuldigung!

Deine treue Claudia

Lieber Traumprinz,
danke, daß es Dich gibt. Ich vermisse meinen Mann. Nicht, daß ich die Trennung bereue. Wie könnte ich mit einem Arschloch leben, das über ein Jahr lang eine Affäre mit einer Kanadierin hatte, die er als «Geschäftsidee» tarnte? Er sprach sogar davon, mit mir auszuwandern, wenn er «den Laden» da drüben erst einmal aufgebaut hätte. Die Flugkosten hätten uns beinahe ruiniert. Und ich habe nichts gemerkt oder nichts merken wollen. Gott, war ich blöd – und war er gemein! Aber mein Mann hatte auch ein paar gute Seiten, und die vermisse ich. Ich mochte seinen Körper. Ich mochte seine Stimme. Ich vermisse meinen Mann, wenn ich auf der Straße jemanden sehe, der so ähnlich geht wie er. Ein bißchen schief, mit langen, wippenden Schritten,

die gleichzeitig unbeholfen und energisch aussehen. Ich mochte seinen Gang. Wir haben uns im Gehen ineinander verliebt. Ich vermisse seine Augen, wie sie funkelten, wenn er eine Überraschung für mich hatte. Ich vermisse seine Großzügigkeit.

Danke, daß Du sein perfekter Zwilling bist, all seine guten Seiten hast und noch bessere, die nur ich in ihm vermutet habe. Wenn ich Dich nicht hätte – ich wüßte nicht, wie ich all die Nächte überstehen sollte!

Immer in Deiner Schuld!

Yvonne

Lieber Traumprinz,
seit Jahrzehnten verbringen wir fast jede Nacht miteinander. Ich bin eigentlich sehr glücklich mit Dir. Nun habe ich in irgendeinem Psychoartikel gelesen, unsere Beziehung sei schlecht für mich. Weil ich Deinetwegen keinen echten Mann kennenlernen könne. Du bist nämlich meine Meßlatte und liegst so hoch, daß niemand heranreicht. Was hältst Du davon, ein wenig herunterzukommen, näher zum Boden der Tatsachen? Nichts? Gott sei Dank! Ich habe nämlich darüber nachgedacht und bin auch strikt dagegen: Ich will keine Knirpse in Betracht ziehen! Bartträger, Saunagänger oder jemanden, der morgens schlecht riecht und abends müde ist. Undenkbar! Ich will keinen Mann, der weniger perfekt ist als Du. Ich war Dir so lange Jahre treu. Damit habe ich das Recht auf Dich erworben. Außerdem: Nur Du verdienst mich! Werde wahr! Oder von mir aus auch nicht.

So oder so – auf ewig Dein!

Maria

Traumprinz!
Wenn Du nicht innerhalb der nächsten Wochen neben mir in der U-Bahn sitzt oder sonst irgendwo in mein Leben trittst, dann war's das mit uns beiden. Dann fange ich eine Affäre mit diesem Kollegen an, der seit Wochen baggert, und denke nicht im Traum mehr an Dich. Das hast Du dann davon: Mußt als vergessenes Schattenwesen Dein Dasein fristen, bis ans Ende aller Tage. Ich bin aus Fleisch und Blut! Mein Körper ist nicht nur dazu da, Gummibärchen zu verdauen und die Kalorien auf dem Laufband im Fitness-Center wieder auszuschwitzen. Ich will mal wieder – Du weißt schon. Und nicht nur immer diese Kopfnummern mit Dir und dem Panasonic. Meine biologische Uhr tickt auch immer lauter. Ich kann nicht mehr länger auf Dich warten. Wenn ich die Taube auf dem Dach nicht haben kann, dann muß ich eben den Spatz in der Hand nehmen.

Ich bitte Dich, rette mich vor dem Sperling!

Sarah

Ach, Du elender Dickschädel,
ich wußte, daß meine Drohungen keinen Eindruck auf Dich machen würden. War nur ein Versuch. Du hast mir doch hoffentlich den Quatsch mit dem Spatz nicht abgekauft? Würde ich nie tun, Ehrenwort. Keine Kompromisse in diesem wichtigen Lebensbereich! Da ist der Beste gerade mal gut genug: Also Du, nur Du allein.
In diesem Sinne und bis gleich,

Sarah

Lieber Traumprinz,
richtig gut an Dir finde ich, daß Du mich auch morgens um sechs magst, wenn mir die Haare zu Berge stehen und meine Kinder sich bei meinem Anblick unter der Bettdecke verstecken, weil sie mich für eine chinesische Einbrecherin halten.

anonym

Lieber Traumprinz,
Dich hatte ich ganz vergessen! Ich glaube, ich habe zuletzt an Dich gedacht, als ich mich in Hans Albers verguckt hatte. Wie stattlich er aussah als Baron Münchhausen! Diese blauen Augen! Er war ein schöner Mann. Du hast ihm natürlich sehr ähnlich gesehen. Ich mußte Dich mit meinen Freundinnen teilen. Wir träumten davon, nach Hamburg zu fahren und Dich auf der «Großen Freiheit» zu finden. Ich weiß noch, als wir herausfanden, daß Dein Sternzeichen Waage war, war ich wochenlang im siebten Himmel. Denn ich bin Fisch, und Else und Käthe waren etwas anderes, was nicht so gut zu Deinem Sternzeichen paßte. Dann war der Krieg zu Ende. Statt Deiner hatte ich andere Sachen im Kopf. Ich habe in einer Möbellackiererei gearbeitet und war von sechs bis sechs aus dem Haus. Danach Hausarbeit: Wäsche im Kessel kochen, stampfen, auswringen, aufhängen, geradeziehen, bügeln. Die Nächte waren kurz und traumlos. 1951 habe ich geheiratet, dann kamen die Kinder, dann haben wir das Haus gebaut – da blieb keine Zeit für romantische Phantasien. Ich bin seit über 15 Jahren allein, und dennoch bist Du mir nie in den Sinn gekommen. Ich mochte nach dem Tod meines Mannes keinen anderen Mann mehr. Nicht mal einen geträumten. Ich war nie gern verheiratet. Ich war verheiratet, weil ich eine Frau war. Nein, Du bist nichts für mich. Aber weißt Du,

wovon ich träume, wenn ich nachts wach liege? Von Enkelkindern. Je eins von meinem Sohn und meiner Tochter, das wäre schön! Noch ist die Zeit auf meiner Seite. Es könnte noch was werden, obwohl es bei meiner Tochter schon sehr knapp wird. Mein Sohn ist jedoch seit einem Jahr in festen Händen, und seine Freundin ist gerade mal 30. Vielleicht bekomme ich doch noch einen Traumprinzen, einen klitzekleinen.
Halt mir die Daumen!

Deine Lore

Lieber Traumprinz,
ich wollte mich schon lange bei Dir dafür entschuldigen, daß ich mir so wenig Mühe mit Deiner Gestaltung gebe. Anstatt Dich zu schöpfen, mir Mund, Augen, Nase und Po für Dich auszudenken, stülpe ich Dir einfach andere Kerle über. Ganz früher hast Du zum Beispiel wie der älteste Sohn der Patridge-Familie ausgesehen, David Cassidy hieß er, und war ein blonder Zwerg mit Vokuhila-(vorne kurz, hinten lang)Haarschnitt. Danach habe ich Dich über Nacht einen Meter wachsen lassen, Dein Gewicht halbiert und Dir eine lebende Boa um den Hals gehängt: Fertig warst Du als Alice Cooper. Dann wurdest Du eine Weile dicklich, trugst eine Cordhose und warst von Beruf Chemielehrer. Und dann kam die glücklichste Zeit meines Lebens: Du wurdest Fleisch. Wie im Traum hast Du Dich auch im wahren Leben oft über Nacht in einen ganz neuen Mann verwandelt. Mir war's recht. Vor acht Jahren bist Du dann aus meinem Leben verschwunden und tagsüber nicht mehr aufgetaucht. In meinen Träumen siehst Du abwechselnd wie David Copperfield aus, wie Bruce Willis, Denzel Washington, Til Schweiger und, natürlich, Slash. Slash mit nacktem Oberkörper ist mein Favorit für Dich.

Mit Deinem Charakter gebe ich mir etwas mehr Mühe: Natürlich bist Du kein Gitarrist, sondern ein rundum gebildeter linker, lustiger Arzt. Aber: Werde bloß nicht wahr! Mein Leben ist gerade so schön. Ich bin sogar verknallt, wie Du weißt, weil Du Pause hast: Wo steckst Du eigentlich, wenn Du nicht in meinem Kopf herumschwirrst? Mach Dir keine Sorgen, wir sehen uns bald wieder, denn er ist nicht der Richtige. Sieht nicht mal wie Slash aus, sondern eher wie Phil Collins. Kurz: Er ist in keiner Weise mein Traumkerl. Das bleibst schon, bis auf weiteres, Du.

Also bis bald, Schatz!

Katrin

Lieber Traumprinz,
ich glaube nicht an den Weihnachtsmann. Auch nicht an den Osterhasen oder daran, daß die Zahl 13 Unglück bringt. Ich glaube daran, daß ich gut sein kann, wenn ich mir Mühe gebe. Ich glaube daran, daß ich liebenswert bin. Und ich glaube kaum, daß ich Zeit mit einer fixen Idee, wie Du eine bist, verplempern will. Mein Leben ist traumhaft genug, ganz ohne Prinz. Und was, wenn ich an Dich glauben würde? Du bringst ja noch nicht mal Geschenke!
Aloha,

Karin

Lieber Frank,
zwei Jahre leben wir nun schon zusammen. Manchmal wache ich auf, lasse die Augen geschlossen und lausche auf Deinen Atem. Dann taste ich nach Deinem Gesicht und berühre ganz sachte Deine warme Haut. Du bist wahr. Obwohl Du eigentlich zu schön dafür bist.

Vier Jahre lang habe ich Dich geträumt, so lange, bis ich sogar den Traum vergessen hatte: Ich war so wunschlos glücklich mit mir ganz allein. Und dann traf ich Dich. Ausgerechnet auf der Silberhochzeit meiner Patentante. Ich erkannte sofort das große «T» auf Deiner Stirn, das für «Traumprinz» stand.

Du warst sogar noch größer, schöner, lustiger und gebildeter als in meinen kühnsten Träumen. Und Du hattest von Anfang an nur Augen für mich. Nach vier Monaten haben wir unsere Möbel und Macken zusammengeschmissen: Wir wohnen zusammen. Das erstaunliche daran ist, daß es mit Dir mindestens genauso schön ist, wie allein zu leben.

Natürlich, Du bist schlampig und der Meinung, Wäsche würde sich von selbst aufhängen. Du hast noch nie die Geschirrspülmaschine ausgeräumt und wirst sofort unansprechbar, wenn irgend jemand im Fernsehen mit einem Fußball gezeigt wird. Eigentlich bist Du dieser typische Macker, vor dem mir als Single immer gegraut hat. Aber ich liebe Dich. Nichts an Dir stört mich wirklich.

Deine Liebe gibt mir so viel Energie und Optimismus, daß ich neben dem Job drei Haushalte schmeißen könnte. Seit ich Dich kenne, habe ich keinen einzigen depressiven Abend mehr erlebt, an dem ich zuviel Rotwein trinken und mich vor Einsamkeit krümmen muß. Als Single kam das zwar nicht häufig, aber hin und wieder vor – was wesentlich unangenehmer war als eine dreckige Kaffeetasse in der Spüle.

Seit ich Dich kenne, freue ich mich auf den Feierabend, immer. Verregnete Wochenenden sind plötzlich romantisch, und laue Sommernächte stimmen mich nicht mehr melancholisch. Du bist das Beste, das mir bisher passiert ist im Leben. Wenn es so bleibt, werden wir miteinander alt.

Hoffentlich fangen wir nicht an, einander auf den Wekker zu gehen oder uns anzuöden. Denn ich weiß, daß ich das keine Woche mitmachen würde. Dafür war ich zu lange allein glücklich: Alleinsein mit mir ist besser als eine «Durchschnittsbeziehung». Du mußt schon mein Traumprinz bleiben, um mit mir zusammen leben zu dürfen. Denn ich bin eine echte Traumprinzessin und kann, selbst wenn ich wollte, niemals eine Verbindung unter meinem Stand eingehen.

Aber wenn das einer weiß, dann Du, mein Traumprinz.
In Liebe,

Deine Vera

Mushroom erzählt

Warum der Hund auf den Menschen kommt und was der Mensch davon hat.

Jeden Morgen um halb acht bringe ich meine Tochter zum Schulbus. Egal ob es schneit, gießt oder blitzt, treffe ich Mathilda, die spazierengeht. Mathilda ist die Sprechstundenhilfe des Kinderarztes meiner Tochter. Nicht mehr lange, dann wird sie in Rente gehen. In der Praxis thront sie hinter ihrem Empfangstresen, unbestechlich und würdevoll. Sie hat die Fähigkeit, gleichzeitig Mütter einzuschüchtern und Kinder zu trösten. «Nicht weinen, die Mama wird dir gleich ein Eis kaufen», sagt sie etwa nach einer Impfung und lächelt das Kind liebevoll an. Gleichzeitig stellt sie mit einem kurzen, messerscharfen Blick klar, daß Mama keine Wahl hat, obwohl sie womöglich strikt gegen Zucker ist. Eine resolute Person, der niemand sagt, wo es langgeht. Nicht einmal der Arzt, dessen Stimme immer ziemlich devot klingt, wenn er mit Mathilda spricht.

Als wir Mathilda das erste Mal auf der Straße trafen, hätten wir sie fast nicht erkannt. Die königliche Erscheinung aus der Arztpraxis hatte sich in eine schiefe Gestalt verwandelt, die nach rechts und links gezerrt wurde und mit weinerlicher Stimme um Gnade flehte: «Bitte! Nicht so schnell.» Mathilda wurde spazierengegangen. Von einer kurzhaarigen, stämmigen, kniehohen Promenadenmischung. «Das ist Mushroom, willst du ihn streicheln?» fragte sie meine Tochter atemlos. Mushroom schnupperte an meinem Kind, schubste sie gegen den Zaun und hechelte sie an. «Er tut nix», versicherte Mathilda. Sie seufzte zufrieden und erzählte mir die kurze Geschichte ihrer Liebe.

Nach dem Tod ihres Mannes vor nunmehr acht Jahren habe sie sich so einsam gefühlt. Eines Tages sei der Sohn mit dem kleinen Welpen aufgetaucht. Es war Liebe auf den ersten Blick, und das Leben war wieder lebenswert. Nachteile? Na ja, ein wenig stürmisch sei er, was jedoch normal sei für einen Rüden in den besten Jahren. Aber sonst – Mushroom sei das Glück ihres Alters. Die Kinder und Enkel sehe sie nur alle paar Monate kurz, aber der Hund, der warte auf sie, wenn sie von der Arbeit komme, der sei da, wenn sie aufwache, der tröste sie, wenn sie sich niedergeschlagen fühle. Was vor allem am Wochenende vorkomme, wenn sie nicht zur Arbeit geht.

Beim Stichwort «Wochenende» entließ Mushroom mein Kind vom Zaun und schnüffelte zärtlich an seinem Frauchen. Dann knurrte er mich an: «Los, an den Zaun! Jetzt erzähl ich dir mal einen Samstag aus meiner Sicht. Und wenn du das nicht aufschreibst, dann beiße ich dich.

Ich mag, wie sie schläft. Der dünne Speichelfaden an ihrem Mundwinkel ist zu verlockend. Leider kann sie es nicht ausstehen, wenn ich ihn ablecke. Dann schreckt sie jedesmal auf und verbannt mich aus dem Schlafzimmer. Ich hasse es, nachts nicht in ihrer Nähe zu sein. Dann muß ich mir eine Ecke im Flur suchen und bekomme bis zum Morgengrauen kein Auge zu. Der Teppich kratzt. Der Boden ist hart. Der Flur ist mir aber immer noch lieber als das Wohnzimmer. Dort stinkt es erbärmlich nach künstlicher Vanille und nach Zitrusreiniger. Widerlich. Der Flur riecht besser: nach Schuhen, nach Erde, nach Straßenbelag, Urin und Abenteuern. Gute Gerüche machen gute Träume. Gute Träume sind gut für die Verdauung. Samstag morgens um neun wird es brenzlig damit: Wenn sie in zehn Minuten nicht die Augen aufschlägt, muß ich nachhelfen, sonst gibt es ein Unglück. Heiliger Hasso, wäre mir das peinlich! In meinem Alter darf das nicht mehr passieren. Ich bin ein Rüde in den besten Jahren.

Ich bin ihr bester Freund, denn ich bin immer für sie da. Ich bin ihr Lebenspartner. Ohne mich hätte sie niemanden, über den sie lachen kann, der sie ärgert, den sie streichelt, der sie streichelt, mit meinem Bauch um ihre Beine herum. Sie sieht mich dann gerührt an, tätschelt mich und sagt, daß ich ein guter, guter Hund bin. Sie redet mit mir über alles. Geld, Beruf, die Kinder und Enkel. Na ja, Politik, Literatur oder Kunst nicht, diese Themen traut sie mir wohl nicht zu. Zu Unrecht! Ich weiß wirklich genau Bescheid, über Aktienkurse, Wahlergebnisse, Oscars, die verliehen werden, Politiker, die mit den falschen Frauen schlafen, Kriege, Raumsonden und – was mich wirklich interessiert – Hundefutter, Kombis und Reisen. Wie gern würde ich etwa im Februar nach New Orleans fliegen, um an der jährlichen «Mystic Krewe Barkus Mardi Gras Parade» teilzunehmen. Das ist ein Umzug, für den wir kostümiert und in geschmückte Handwagen gesetzt werden. Man zieht uns durch die Stadt, und die Menschen am Straßenrand jubeln uns zu. Das wäre mal was! Aber abgesehen davon, daß Mathilda gar nicht weiß, daß es so etwas gibt, traut sie sich nicht, allein mit mir zu verreisen. Wenn sie einen rüstigen Mann hätte, dann vielleicht. Neulich brannte die Glühbirne im Bad durch. Sie balancierte eine Weile auf dem Wannenrand, setzte sich dann aufs Sofa und beklagte sich bei mir, daß sie alles allein machen muß. Schließlich hat sie den Hausmeister angerufen.

Manchmal glaube ich, ich habe mehr Interessen als sie. Sie liest kaum. Sie reist nicht. Wenn sie mich nicht hätte, würde sie nicht einmal merken, daß das Laub gelb wird. Ich mache sie auf diese Dinge aufmerksam. Ich finde, man sollte in jedem Alter mit wachen Augen durch die Welt gehen.

Woher ich das alles weiß? Während Mathilda aus dem Haus geht, um hinter einem Tresen zu sitzen und Müttern nahezulegen, ihren weinenden Kindern Eis zu kaufen, vertiefe ich mich in Zeitungen und sehe fern. Von montags bis freitags bin ich locker acht Stunden lang allein. Ich lerne den ganzen Tag – wenn ich nicht grade meditiere oder im Geist ein Drehbuch entwerfe. Ich arbeite gerade an einem Spielfilm über einen Golden-Retriever-Rüden, der irre gut Basketball spielen kann. Er hilft einem kleinen Mädchen, das eine soziale Outsiderin ist, der Star der Schule zu werden. Deine Tochter könnte die Rolle übernehmen. Ich würde den Retriever gern selbst spielen, falls die Maskenbildner das hinkriegen. Manchmal bin ich richtig betrübt über mein Hausmanndasein. Ich könnte soviel mehr leisten. Ich bin kreativ und der geborene Schauspieler und Regisseur. Ich weiß, wo's langgeht!

Wenn ich in Gedanken vertieft vor dem Fernseher sitze, glaubt sie, daß ich bloß sinnlos vor mich hin träume. Von Oberschenkelknochen toter Kälber oder von grünen Gummibällen. Sie streichelt mir über den Kopf und sagt, ich sei niedlich. Einmal hat sie mich sogar während meiner Studien und Kontemplationen fotografiert. Einen ganzen Film voll, obwohl sie doch wissen müßte, daß mich Blitze krank machen. Die Fotos zeigt sie überall herum: ‹Er ist so brav! Während ich arbeite, schaut er CNN oder liest die Tageszeitung. Er weiß vermutlich mehr als ich.› Sie meint es als Witz. Aber es stimmt.

Intellektuelle Arroganz mir gegenüber ist das einzige Schlechte, das ich über Mathilda sagen kann. Sie ist ein wirklich guter Mensch. Mir kommt einiges zu Ohren, wenn ich draußen unterwegs bin. Eine Bekannte von mir, Skip, wurde zum Beispiel endgültig aus dem gemeinsamen Schlafzimmer ausquartiert. An Skips Stelle schläft dort jetzt ein zeugungswilliger Zweibeiner, der in unbeobachteten Momenten mit Hausschuhen nach ihr schlägt. Verglichen mit diesem Los habe ich großes Glück. Mathilda kommen keine Männer ins Bett. Gelegentlich hockt mal einer ihrer Söhne im Wohnzimmer und verpestet die Luft mit seiner scharfen Rüdenausdünstung. Das reicht mir schon! Gut, daß sie nie übernachten.

Mathilda bevorzugt Frauen, genau wie ich. Frauen riechen besser, sie sind zärtlich und einfühlsam. Ich kann nur die große Dunkelhaarige nicht leiden, weil sie beim Lachen quietscht wie ein ausgeleierter Keilriemen. Außerdem taucht sie ihre Klamotten offenbar in ein Katzenklo, bevor sie uns besuchen kommt. Mathilda hängt jedoch sehr an ihr. Deshalb bin ich nett und beschwere mich nicht weiter.

Meine Freundin mag mich lieber als all ihre Besucherinnen. Ich bin nämlich nicht nur besonders liebenswert, sondern auch der beste Zuhörer der Welt. Ich unterbreche nie, urteile nicht und zeige echte Anteilnahme. Wenn eine ihrer Geschichten richtig traurig wird, über die Enkelkinder, die sie vermißt oder so, heule ich zum Beispiel laut auf. Ich halte nichts davon, Emotionen zu verstecken. Manchmal rührt sie meine Reaktion zu Tränen. Dann heulen wir im Duett. Ich glaube, daß es guttut, Gefühle zu zeigen. Ich unterstütze sie darin, emotionaler zu werden. Ohne mich wäre sie noch viel steifer und gefaßter, als sie ohnehin ist. Für meinen Geschmack verliert sie viel zu selten ihre Selbstbeherrschung. Sie ist eine Kandidatin für Magenprobleme und Herz-Kreislauf-Erkrankungen. Frißt ihren ganzen Ärger in sich hinein, statt ihn laut herauszubellen, wie es sich gehört.

Als wir neulich miteinander spazierengingen und dieser riesenhafte, stinkende Kerl an ihr vorbeistrich und sie sogar anfaßte – am Oberarm! –, verzog sie keine Miene. Ich dagegen! Ich lieferte einen Wutanfall erster Güte. Ich schmiß mich in seine Richtung und machte ihm lautstark klar, daß man Mathilda besser nicht zu nahetritt. Ich schimpfte und zeterte und tobte. Er wich sofort vor mir zurück, dieser Feigling. Das machte mich erst recht zornig. Hätte sie mich nicht so flehentlich gebeten aufzuhören, ich hätte ihn zerfleischt. Na ja, wie man so sagt.

Mathilda ist richtig hilflos ohne mich. Sie traut sich nachts nur in meiner Begleitung auf die Straße. Ich rieche ihre Angst, wenn Schritte hinter uns sind oder eine finstere Gestalt auf uns zukommt. Sie tut mir so leid. Sie hat keine Ahnung von Angriff-Flucht-Strategien, mit denen man garantiert Oberwasser behalten kann. Ich fürchte mich jedenfalls nicht. Ich spreche von meinem Revier, nicht von der Serengeti oder dem Amazonas-Regenwald, wo sogar ich meine Hütte nicht verlassen würde. Was muß das für ein Leben sein, wenn man sich zu Hause ständig unterlegen fühlt? Meine kleine, schwache, hilflose Freundin. Kann noch nicht mal kraftvoll in einen Apfel beißen. Sie schneidet ihn sich immer mit einem Messer klein, bevor sie ihn sich in den Mund steckt.

Sie muß stärker werden. Tag für Tag zeigt mir der Fernseher, was mit schwachen älteren Menschen geschehen kann: Messer werden in ihren Rücken gestochen, Kugeln in ihre Brustkörbe geschossen. Man entreißt ihnen Handtaschen und stiehlt ihre Kombis. Sie verlieren ihre Jobs und müssen höhere Steuern bezahlen. Sie werden grundlos verhaftet und laufen in beigen, schlechtsitzenden Hosenröcken herum. Auf ihren Fensterbänken lauert eine Angorakatze, samt der dazugehörigen Allergie. Ihre Aktien sinken, ihr Waschmittel macht die Handtücher nicht richtig weich, ihre dritten Zähne fallen ihnen vom Oberkiefer, ihr Reis ist klumpig und klebrig. Schwache Menschen – in Nachrichten und Werbung werden sie als Loser porträtiert. Siegertypen haben kein Erbarmen mit ihnen. Sie sind die Starken und verteidigen ihr Revier und ihre Rangordnung mit allen Mitteln. Wie Schimpansen und Gorillas töten Menschen sogar ihre Artgenossen. Es ist eine Schande mit den Primaten, aber kann man die Natur ändern? Nur im kleinen.

Ich versuche, die Kondition und Muskelkraft meiner

Freundin zu trainieren, wann immer ich eine Gelegenheit dazu wittere. Zum Beispiel, wenn wir einkaufen gehen oder jetzt, während des Morgenspaziergangs. Mathilda neigt dazu, dabei nicht von der Stelle zu kommen. Sie schleicht. Dabei hat Mathilda Beine, die bis zu den Wolken reichen. Mir ist es schleierhaft, wie man damit überhaupt so langsam gehen kann. Es ist ein Jammer: Sie ist mit Turbo-Hochgeschwindigkeitsmaschinen ausgerüstet und kann damit nicht umgehen. Ich dagegen weiß aus der Sportschau, wie die Dinger funktionieren, und versuche, ihr die Technik beizubringen: Man muß sie schnell nach vorne schießen lassen und blitzartig wieder zurückziehen. Wenn sie sich nur ein wenig Mühe gäbe, hätte sie den Dreh bald heraus.

Wozu es gut ist, schnell rennen zu können? Sie bräuchte dann nicht mehr ängstlich zu sein, denn sie könnte vor großen Gefahren einfach fliehen, wie alle intelligenten Lebewesen – Hunde, Zebras, Stubenfliegen – das bevorzugt tun. Wer sich wirklich schnell aus dem Staub machen kann, ist kein Loser und darf die Handtasche behalten, auch nachts. Und ich bräuchte nicht mehr so zu schleichen. Ich hasse Schleichen. Ich könnte aufheulen, wenn ich nur daran denke.

Ich bin ein geduldiger Lehrer. Mathilda ist jedoch die schlechteste Schülerin, die man sich denken kann. Bereits wenn ich in mittleren Trab verfalle, stöhnt sie. Selbst die fetteste Katze könnte kilometerweit mithalten. Aber Sie? Nach fünf, zehn Metern höre ich sie keuchen. Sie bremst ab und zerrt an mir, ich spüre sogar eine gewisse Lieblosigkeit, über die ich jedesmal aufs neue enttäuscht bin. Ich meine es doch nur gut mit ihr.

Aber ich schweife ab. Ich wollte ja von einem Samstag erzählen.

Samstag ist mein Lieblingstag. Morgens muß ich sie meistens wecken. Ich hole vorher die Pantoffeln und lege sie neben ihr Kopfkissen. Die Vorfreude ist das aufregendste: Gleich wird sie aufwachen, gleich kann ich den Ahorn anpinkeln, die Gartenmauer, den Bretterstapel vor der Baustelle. Vielleicht gehen wir in den großen Park. Wäre das ein Spaß! Ob ich mich diesmal wieder losreißen kann? Ich muß meinen Atem kontrollieren, wenn ich mich sehr freue, denn sonst hechele ich wie ein verschnupfter Pekinese. Peinlich.

Am schönsten ist der Moment, wenn sie die Augen aufschlägt. Sie lächelt mich an, legt die Hand hinter mein Ohr. Sie krault mich. Ich lecke ihre Hand ab. Ich sehe sie an. So ist das samstags, an meinem Lieblingstag. Ist es nicht zauberhaft?»

«Ist er nicht zauberhaft?» fragte Mathilda verliebt und fügte hinzu: «Und so klug!» Mushroom hechelte heftig, drehte sich zu seinem Frauchen um und zerrte an der Leine.

«Genug geplaudert», knurrte er knapp und machte sich grußlos davon. Mathilda stolperte hinter ihm her.

«Komischer Hund», sagten meine Tochter und ich im Chor.

Seit jenem Tag nicken wir Mathilda und Mushroom zu, wenn wir sie treffen, morgens um halb acht, egal ob es schneit, gießt oder blitzt. Dann sehen meine Tochter und ich einander an und schütteln kurz die Köpfe.

Heirate mich!

Warum das Glück allein mindestens so nervtötend sein kann wie das Glück zu zweit.

Meistens geschieht es an Feiertagen oder Wochenenden. Aber auch Hormonlage, Wetter, Orte spielen eine Rolle, wenn mein Verstand aussetzt und mich eine irrationale Heiratswut überfällt.

Samstag, 9.15 Uhr: Die Sonne lacht, das Miststück. Ich verstecke mich vor ihr im Badezimmer und beiße vor Wut in das unbenutzte Gästehandtuch. Komme nämlich gerade vom Brötchenholen zurück. Wäre fast von einem Saab überfahren worden. Der Fahrer sah aus wie der junge Marlon Brando. Ich trug mein zerknittertes Schlaf-T-Shirt mit der Aufschrift «Die Hochzeit meines besten Freundes», dazu meine grau-rosa XXL-Jogginghose, die früher einmal weiß war. Als er ausstieg, meinen Arm nahm und mich fragte, ob alles in Ordnung sei, konnte ich nur mit zusammengebissenen Lippen nicken. Ich mußte die Luft anhalten, weil ich die Zähne noch nicht geputzt hatte. Ich beschließe, nie wieder zu essen, hebe die Brötchen jedoch vorsichtshalber auf. Vielleicht kann man was daraus basteln? Saab-Brando sah aus wie ein Spitzentyp: schön, klug, reich, höflich, fürsorglich, sexy.

10.00 Uhr: Stehe nackt vor dem Garderobenspiegel und sehe mir zu, wie ich Corn-flakes aus der Schachtel esse. Brandobrandobrando.

10.17 Uhr: Stehe nackt vor dem Kühlschrank und lecke Nutella vom Zeigefinger. Brando – er wär's gewesen. Den hätte ich geheiratet. Ich werde ihn nie wiedersehen. Ich habe meine Chance vertan. Selbst schuld.

10.19 Uhr: Stehe nackt vor dem Fernseher, starre regungslos auf ein MTV-Hip-Hop-Video und esse die weichen Kartoffelchipreste vom Vorabend aus der Tüte. Beschließe, Frühstück zu machen. Zwei Eier: eins für Brando, zum Andenken. Ich würde mir ein weißes Brautkleid kaufen. Wenn schon, denn schon.

11.00 Uhr: Habe meinen schwarzen Minirock an, die Netzstrumpfhose und den neuen schwarzen Magic Bra und fahre auf Skates durch die Wohnung. Die Sonne lacht immer noch. Ich hasse sie. Ich vermisse das Kind. Sie verbringt das Wochenende bei ihrer Freundin, die richtige Eltern hat. Vermißt sie richtige Eltern? Brando sah kinderlieb aus.

11.11 Uhr: Das Telefon klingelt nicht.

11.12 Uhr: Bin plötzlich zu fett für den Rock und zu alt für die Skates.

11.13 Uhr: Lasse das Telefon klingeln. Ist sowieso bloß meine Freundin. Ich hätte ihm meine Telefonnummer aufschreiben können. Darunter: Bin Sopranistin. Habe heute Konzert. Darf nicht sprechen. Sonst schon. Wieso fällt mir das nicht dann ein, wenn ich es brauche? Ich bin zu blöd. Ich bin blöd, dick, alt und werde nie, nie mehr einen Mann finden, der mich heiraten will. Warum regnet es nicht wenigstens?

Ich stelle mich ans Fenster und hoffe, sein Gesicht zu entdecken. Ich würde es sofort erkennen. Dann würde ich ein Lasso nehmen, ihn einfangen und vorsichtig hochhieven. Er würde sich verbeugen und mir den herrlichen Diamantring aus der Fernsehwerbung an den Finger stecken. So wäre fortan alles gut, was jetzt schlecht ist.

Schlecht ist, daß die Fenster derart schlierig sind, daß alle Passanten aussehen, als seien sie aus Haferschleim. Die Scheiben werden so lange ungeputzt bleiben, bis man sie entweder eigenhändig schrubbt oder die übellaunige Putzfrau massiv bedroht.

Schlecht ist, daß schon wieder kein Waschpulver im Haus ist, kein Mineralwasser und keine Holzkohle. Daran wird sich nichts ändern, bis man persönlich ins Auto klettert, zum Supermarkt fährt und das halbe Wochenende in dieser grünlich beleuchteten Betonhalle zwischen Regalen voller Hunde- und Menschenfutter verbringt, angespornt von Richard Clayderman, der für seine musikalischen Ausschreitungen hinter Schloß und Riegel gehört. An der Kasse muß man sich von toupierten Kassiererinnen mitleidig anstarren lassen: 50 Gramm Aufschnitt, zwei Äpfel, vier Scheiben Brot, Götterspeisepulver – aha, Single, vielleicht sogar mit Kind, keinen abgekriegt, macht 175 Mark und 11 Pfennige.

Schlecht ist, daß man die Kisten und Tüten allein schleppen muß.

Schlecht ist, daß man nach dem Einkauf das Schreiben der Krankenversicherung genau durchlesen muß, wegen der gelbangestrichenen Frist, die abläuft, weil man niemanden hat, der sich mit so etwas auskennt.

Schlecht ist, daß man im Laufe der nächsten Stunden – wie immer – 20 Entscheidungen treffen muß und eigentlich gar keine Zeit hat, depressiv verstimmt im Bett zu liegen – was an einem Morgen wie diesem das Naheliegende und Richtige wäre.

Am schlechtesten ist jedoch, daß Millionen von Frauen noch nicht mal ihre Miete bezahlen müssen, während man selbst alles bezahlt. Alles! Immer! Warum? Gott muß tot sein, oder er kann mich nicht leiden.

Frauen mit Kleidergröße 46. Frauen, die ihre Kinder ohrfeigen. Frauen, die auf die Straße spucken. Frauen, die bereit sind, in Talk-Shows über ihre Liebhaber zu sprechen. Frauen, die ihr Leben lang kein eigenes Girokonto besessen haben. Solche Frauen haben einen Mann, der für sie nicht nur den Rasenmäher kauft, sondern damit auch noch den Rasen mäht. Ich habe und will zwar keinen Rasen, aber den Ehemann. Allein schon aus Gerechtigkeit!

Mein Freund Tim hat eine Theorie, warum mich niemand heiratet: «Du kannst dir ja alles selbst leisten. Du bist zu billig im Unterhalt. Das ist wie mit einem Auto. Je mehr Geld es verschlingt, desto begehrter ist es. Männer wollen blechen!»

Tim. Wieso ist er nicht ledig? Alle sind verheiratet, sogar die mit den schwachsinnigen Theorien. Bloß ich selbst nicht. Selbstmitleid füllt den Raum, daß es in den Ohren rauscht. Es hat alles keinen Sinn. Billig. Fensterläden zu. Im Unterhalt. Schnell ins Bett legen. Im billigen Unterrock. Mich tot stellen und die Zeit vergehen lassen. Kommt Zeit, kommt Freundin.

«Nur wirklich dumme Menschen sind immer glücklich. Gut, daß du zu den schlauen gehörst», trällert sie aus der Küche, wo sie Nougatschokolade in Johanniskrauttee auflöst – ihre Wunderwaffe gegen Trübsinn.

«Ich will jetzt heiraten. Ich hab die Schnauze voll. Immer alles alleine machen müssen! Ich kann nicht mehr. Ich will nicht mehr. Britta ist verheiratet! Dabei ist sie aus Stacheldraht. Sie muß ihr Leben lang keinen Finger mehr rühren. Der nächste Trottel, der mir über den Weg läuft und mich anlächelt, wird vors Standesamt gezerrt. Laß uns spazierengehen, los!»

Meine Freundin drückt mich sanft zurück ins Kissen und hält mir eine braune, sämige Flüssigkeit in einer Schnabeltasse mit Barbie-Dekor unter die Nase. Würgereiz. Auch das noch. Damit ist die Schluchzschwelle überschritten.

«Die Kleine! Sie braucht einen Vater. Niemand kann von mir erwarten, daß ich ihr beibringe, Fußbälle zu treten, auf die Straße zu rotzen oder diesen anderen Männerkram. Sie wächst auf, ohne zu wissen, daß die Hälfte der Menschheit am Tisch rülpst, dreckige Socken gemeinsam mit sauberen in derselben Schublade aufbewahrt und auf Klobrillen pinkelt. Das Kind braucht Wirklichkeit. Und vor allem will ich nicht länger für jeden Scheißfilm, den ich im Kino sehen will, 50 Mark für den Babysitter bezahlen müssen. Ich will einen Ehemann, der abends gern zu Hause sitzt und fernsieht, während ich unbesorgt ausgehen kann, sofort. Laß uns zum Fußballstadion fahren oder zur Bahnhofsmission.»

Meine Freundin verläßt das Krankenlager und kommt mit einem Kilo Tageszeitungen zurück. «Kontaktanzeigen», ruft sie wie eine Eisverkäuferin, «große, kleine, reiche, kluge, lustige, sportliche Ehemänner! Ohne Ende!»

«Du meinst, ich soll...?»

«Natürlich nicht. Nur zum Spaß!»

Spaß! Das ist mehr, als ich ertragen kann. Die beste Freundin versteht den Ernst der Lage nicht. Tränen stürzen aus meinen Augen. Innerhalb weniger Minuten steht das ganze Schlafzimmer unter Wasser. Meine Freundin krempelt sich die Hose hoch und watet zur Tür.

«Na gut. Wie du willst. Ich gehe.»

«Geh nur. Ich warte hier, bis mich die Außerirdischen entführen. Denn das ist in meinem Alter ja wahrscheinlicher, als einen Ehemann zu finden. Laß du mich nur auch noch allein. Tu mir nur einen letzten Gefallen: Hier, ein Stapel meiner Visitenkarten. Verteile sie auf der Straße. An alle Männer. Sag ihnen: ‹Sie nimmt jeden!›»

Die Tür knallt. Die Tür öffnet sich wieder.

Meine Freundin schreitet auf mich zu, ängstlich, aber entschlossen. Was versteckt sie hinter ihrem Rücken?

«O nein. Nur das nicht!»

«Ich muß es tun», sagt sie tonlos. Sie hält mir ein Foto meines Exehemannes unter die Nase. Ich schreie auf und winde mich. Das Foto bewahre ich als letztes Mittel gegen Krisen wie diese auf. Nichts wirkt zuverlässiger. Der Bann ist gebrochen.

Meine Freundin weiß im Grunde nicht, wovon ich rede. Ein Ehemann als Retter käme ihr niemals in den Sinn.

«Die Hälfte aller Beziehungen zerbrechen. Die Hälfte derer, die nicht zerbrechen, kriseln. Grob geschätzt heißt das: Nur ein Viertel aller liierten Frauen sind glücklich. Wenn ich mich dagegen in meinem Single-Freundeskreis umsehe, würde ich sagen, daß es dort mindestens dreimal so gut aussieht: Mindestens Dreiviertel mögen, wie sie leben. Für mich beweist das, daß die Partnerschaft die krisenreichere Lebensform ist. Wenn ich mit mir allein schon Probleme habe, dann hätte ich in einer Partnerschaft noch mehr. Klar wird mir manchmal alles zu schwer, ich brauche Hilfe, finde keine, lege mich ins Bett und weine verzweifelt. Aber ich bin immer auch froh darüber, wie vergleichsweise selten das vorkommt.»

Katrin wiederum kennt Heiratswunschattacken. Allerdings wird sie nicht in Krisenzeiten davon überfallen. «Ich komme immer dann auf die Idee, den nächsten Mann mit abgeschlossener Hochschulausbildung zu ehelichen, wenn alles richtig gut läuft. Dann wünsche ich mir einen Gatten – als Sahnehäubchen. Also in der Weihnachtszeit, wenn die Bratäpfel im Rohr duften, der Tannenbaum funkelt und Eltern, Geschwister und Freunde mir auf die Schulter klopften, weil mein Leben so prächtig und friedlich verläuft. Dann liege ich schon mal nachts wach und weine: Gibt es denn niemanden, der das alles mit mir teilen will? Kann es sein, daß kein Mann auf diesem Planeten ‹ja› zu mir sagen würde? Bin ich denn so unerträglich? Bin ich nicht liebenswert genug für einen Trauschein? Ich bin ja noch nicht einmal geschieden! Ich bin ja noch nicht einmal ein Irrtum! Ich bin gar nichts. Aber das wollen wir doch mal sehen. Es ist noch nicht aller Tage Abend. Ich werde nicht nur heiraten, ich werde einen Mann glücklich machen. Den nächstbesten. Am nächsten Morgen lache ich bereits wieder darüber. Als wäre es mein Lebensinhalt, einen Ehemann glücklich zu machen! Ich bin Anwältin. Mein Lebensinhalt, ist es, mich selbst glücklich zu machen und meine Klienten. Damit bin ich voll und ganz ausgelastet.»

Britta verirrt sich wider Willen gelegentlich in Heiratsphantasien: «Wenn Dinge schiefgehen und ich an mir selbst zweifle, dann sehne ich mich reflexartig nach dem starken Arm, der nur für mich da ist. Der wird es denen dann schon zeigen! ‹Seht alle her: Dieser tolle Kerl hat mich ausgewählt, also muß ich ja wohl großartig sein!› Ist es nicht erstaunlich, wie tief diese Idee in uns sitzt, daß eine Frau einen Mann braucht, um etwas wert zu sein? Da bin ich nun erfolgreich, beliebt, konfliktfähig und glücklich und kann immer noch nicht glauben, daß Barbie ohne Ken ein vollständiges Wesen ist. Meine Barbie hat immer geheiratet Ich habe kein einziges Mal ‹Barbie und ihr schwuler Freund Ken eröffnen einen Frisiersalon› gespielt. In mir steckt das uralte Muster: Eine Frau braucht einen Ehemann. Ich könnte mit dem Fuß aufstampfen vor Wut, wenn ich mich wieder und wieder bei der Frage ertappe, wie es bloß kommt, daß ich allein bin? Die Antwort bekomme ich nämlich jeden Tag: Ich bin allein, weil ich allein ein vollständiger Mensch bin, mit einem vollwertigen Leben. Wann werde ich mir das endlich glauben?»

Single-Frauen tragen die alleinige Verantwortung für ihr Leben und oft auch noch für das ihrer Kinder. Sie kommen unter der Last gelegentlich ins Schwitzen und geraten außer Atem. Dann glauben sie, in einer Ehe wäre die Bürde höchstens halb so schwer. Sie vergessen ganz, daß die Hälfte oft ein schlechter Tausch ist.

Frauen mit Partnern haben übrigens identische Krisen. Natürlich rufen sie nicht wie Singles: «Kann mich jetzt vielleicht mal jemand heiraten?!» Ihr Schlachtruf lautet vielmehr: «Ich ziehe aus!» Und der Ruf wird von Sätzen begleitet, die ein Single niemals aussprechen muß – was allein schon Grund genug ist, keine Beziehung mehr einzugehen: «Ewig trinkst du die Kaffeetassen nur halb aus und verteilst sie in der ganzen Wohnung.»

«Wie heißt sie? Komm mir bloß nicht mit Überstunden!»

«Um alles muß ich mich kümmern. Da kann ich ja gleich allein leben. Das würde mein Leben in jedem Fall leichter machen!»

Als wäre das Leben allein leichter! Das Leben allein ist lediglich anders. Beide Varianten machen glücklich und unglücklich. Ein glücklicher Single springt ebenso selten lächelnd über blühende Wiesen wie eine glückliche Ehefrau. Das Glück zeigt sich vielmehr in beiden Fällen ganz unscheinbar: Beide wollen an ihrem Zustand nichts ändern und schütteln bloß den Kopf, wenn sie folgende Fragen hören: «Du bist verheiratet – wann läßt du dich denn endlich scheiden?»

«Du bist Single – wann heiratest du denn endlich?»

Ausgenommen natürlich an jenen Samstagen, an denen die eine ihren Mann auf den Mond wünscht und die andere dazu bereit wäre, Günter Mond zu heiraten, den Aerobic-Trainer.

Samstag, 22.30 Uhr: Die Tagesthemen. Sonnenbrand auf dem Bauch. Will längst nicht mehr heiraten. Trinke ein Glas Rotwein und esse das dritte Kilo japanisches Reisgebäck. Fühle mich ausgeruht und selbstbewußt. Will nur noch eins: lesen.

0.30 Uhr: Telefon. Peter, Paul und Mary grölen auf den Anrufbeantworter. Im Hintergrund plärrt eine Punkband. Ich weiß, wo sie sind, und bin so gut wie unterwegs.

0.31 Uhr: Zerfetze eine Strumpfhose, färbe drei Haarsträhnen grün und mache mich auf den Weg.

2.00 Uhr: Mary und ich hassen Punk. Um den Krach überhaupt zu ertragen, müssen wir ununterbrochen tanzen und trinken. Hüpft dort nicht Günter Mond?

4.30 Uhr: Der Schlüssel klemmt. Ich bekomme die Haustür kaum auf, weil der Fußboden wackelt.

Sonntag, 10.00 Uhr. Er stöhnt unglaublich sexy. Sein Atem geht schneller und schneller, ich spüre Hitzewellen am ganzen Körper. Die Wechseljahre? Nein, Herr Mond! Ich lächle erleichtert. Aber wie kommt er in mein Bett? Egal!

10.05 Uhr: Bin leider aufgewacht. Aber Gott sei Dank allein. Beschließe, nie wieder zu trinken und zu essen.

10.15 Uhr: Brate Rührei mit Zwiebeln. Kaue an einer sauren Gurke.

10.17 Uhr: Mary ruft an. Wir reden über wiederkehrende Träume und verabreden uns zum Brunch.

12.30 Uhr: Mary rauscht ins Restaurant, aufgebrezelt wie ein Transvestit. «Mir reicht's», zischt sie wütend. «Als ich nach Hause kam, stand die Wohnung unter Wasser. Rohrbruch bei den Nachbarn. Außerdem hab ich keinen Bock mehr auf meinen Job. Und unter keinen Umständen bin ich dazu bereit, dieses Jahr schon wieder allein zum Steuerberater zu rennen. Ich werde heiraten. Spätestens nächsten Monat. Den nächsten, der mich anlächelt.» Die Sonne lacht, das Miststück.

Zieh Leine!

Warum Bindungsängste auf die Skipiste gehören und glückliche Singles keinen Therapeuten brauchen.

Es ist unbegreiflich, wie viele mögliche Lebenspartner im Laufe eines Single-Lebens verschmäht werden. Klar, daß der verheiratete Trunkenbold nach einer Nacht seine Schuldigkeit getan hat. Aber warum hat man gleich noch mal diesen intelligenten, attraktiven, witzigen, ledigen, heißblütigen und beinahe berühmten Designer nie wieder angerufen? Hatte der bärtige Therapeut in Glattlederhosen etwa recht?

Der bärtige Therapeut in Glattlederhosen trat in mein Leben, als das Experiment Ehe sich bereits als Minenfeld erwies. Ein falscher Tritt, und die Explosion hätte den ganzen Stadtteil ausradiert. Um das zu verhindern, brachte ich klaglos mehrere Sitzungen einer Paartherapie hinter mich.

Das Ganze fand in einer säuerlich riechenden Wohnung auf durchgesessenen Matratzen statt. Fette Katzen strichen uns um die Beine. Und kaum hatte ich das Wort «Waisenkind» auch nur ausgesprochen, bekam ich auch schon die Diagnose präsentiert: «Bindungsunfähigkeit.» Ich mußte weinen: Unwilligkeit wäre erträglich, auch Untauglichkeit wäre hinnehmbar gewesen: ein Handicap, wie Plattfüße bei der Musterung. Aber Unfähigkeit? Unfähigkeit jeder Art ist schlecht. Es bedeutet, zu dumm, zu ungeschickt, zu verstört zu sein. Außerdem klang «Dummheit» in diesem Fall einleuchtend, denn der Kerl neben mir auf dem Sofa, der mich mitleidig und selbstgefällig anglotzte, war weder der erste noch der letzte Vollidiot in meinem Leben – allerdings der einzige, den ich geheiratet habe.

Während der nächsten drei, vier Sitzungen versuchte der

Therapeut, mir noch mehr Tränen zu entlocken. Inzwischen litt ich offenbar an «Bindungsangst». Um sie loszuwerden, sollte ich den Schmerz beschreiben, den ich empfand, als meine Mutter starb. Für wen hielt mich der Mann – für Goethe? Könnte ich das Unbeschreibliche beschreiben, hätte ich den Literatur-Nobelpreis und hielte Vorträge in Rio De Janeiro, statt auf seinem muffigen Sofa zu sitzen. Außerdem war klar, worauf er hinauswollte: Die Trennung durch den Tod war so traumatisch, daß ich mich aus Angst vor einer Wiederholung des Schmerzes nicht auf enge Beziehungen einlasse. Seelische Barrieren und Blockaden versperren den Weg zu meinem Herzen, und alle, die versuchen, die Hindernisse aus dem Weg zu räumen, werden gnadenlos abserviert. Mein damaliger Ehemann bereitete sich schon auf seine Heiligsprechung vor: Kein Wunder, daß all seine Liebesmüh vergeblich war, hatte er es doch mit einer echten Neurotikerin zu tun. «Siehst du, Schatz, der Therapeut sagt auch, daß du nicht alle Tassen im Schrank hast!» gehörte fortan zu seinen Lieblingssätzen.

Sowohl die Therapie als auch die Ehe fanden nach dieser geballten Ladung Unsinn ein jähes Ende. Meine Seele weiß, daß ich nicht mehr sieben bin, und sie verwechselt auch nicht meine Mutter mit Männern.

Dennoch. Seit jener lang vergangenen Paartherapie kleben die Wörter «Beziehungsunfähigkeit» und «Blockade» in meinem Gehirn wie häßliche, hartnäckige Warzen und verursachen Fragen.

Sind Singles tatsächlich defekt? Narzißtisch gestörte Neurotiker, wie viele Psychologen glauben? Ist Beziehungsunfähigkeit eine Erbkrankheit wie Phenylketonurie, zwar nicht unbedingt tödlich, aber nicht ganz harmlos? Oder sind Singles gesunde, aber seltene genetische Ausnahmen, wie Leute, die ihre Zungenseiten nicht einrollen können? Oder womöglich die Krone der Schöpfung? Immerhin verweigern sie sich als einzige Lebensform auf diesem Planeten der Gründung einer Nachwuchs erzeugenden Gemeinschaft. Ihr Dasein hat damit nicht länger nur den niederen Sinn der Erhaltung der Art, sondern – ähm...

«Glaubst du, wir sind gestört, weil wir keinen Partner haben wollen?»

«Spinnst du?»

Eine bessere Antwort hat bisher noch niemand gefunden.

Angenommen, Singles uund Paarmenschen unterscheiden sich weder psychisch noch genetisch. Der einzige Unterschied wäre: Die einen begegnen ihrer (besseren) Hälfte, die anderen nicht, weil sie leider in Shanghai wohnt oder in einem anderen Sonnensystem. Wer ist der Unglücksrabe? Ist es besser, ein ganzer Ball zu sein als eine Hälfte? Warum? Wer sagt das?

Die Frage, ob ich mein Single-Leben aufgeben würde, wenn ich den hundertprozentig Richtigen träfe, kann ich aus zwei Gründen verneinen.

Erstens habe ich ihn schon einige Male getroffen, vor allem im Frühling, und jedesmal konnte ich mich Weihnachten nicht einmal an seine Telefonnummer erinnern.

Zweitens weiß ich nicht, was «richtig» bedeutet. Groß oder klein, Bauer oder Bauminister, fies oder lieb? Wer garantiert mir, daß der Richtige nicht der Falsche ist oder umgekehrt? Solange er nicht mit Zertifikat kommt – «100 Prozent richtig», so wie «100 Prozent Schurwolle» –, lasse ich lieber die Finger von ihm.

Vielleicht sind Singles skeptischer. Sie sehen bunte Steine, die in einer prächtigen Schale in der Sonne glänzen. Sie greifen hinein und freuen sich und spielen damit. Ein uralter Mann mit einem langen weißen Bart steht plötzlich vor ihnen. Er lächelt, räuspert sich gewichtig und spricht: «Die kosten aber eine Kleinigkeit. Deine Freiheit. Aber sie sind sehr, sehr kostbar. Es ist ein gutes Geschäft für dich. Und wozu brauchst du deine Freiheit, wenn du diesen Schatz hast?» Singles erkennen sofort, daß der Mann ein

Gaukler ist. Sie finden den Preis zu hoch. Selbst wenn die Glasperlen tatsächlich Diamanten wären, wie der Alte behauptet, ist der Preis immer noch Wucher. Der Single schnaubt kurz mißbilligend und wendet sich ab. Der Markt ist groß. Wieso sollte man überhaupt etwas kaufen? Testen ist lustig genug und kostet nichts.

Die Meinungen zum Thema Freiheit gehen allerdings weit auseinander:

«Ich bin überhaupt nicht frei. Ich muß tausend Dinge tun: einkaufen, Geld verdienen, Mama besuchen, nach elf die Musik leise drehen. Mein Leben ist ein einziges Muß! Was hat denn Freiheit mit Single-Leben zu tun?»

«Eine Ehe wird oft als Gefängnis beschrieben. Du mußt auf sexuelle Experimente verzichten, Kompromisse bei der Wahl des Urlaubsortes machen, dir das Rauchen abgewöhnen, die Katze verkaufen, weil er allergisch ist. Aber ob ich nun wegen eines Mannes oder wegen eines Virus auf sexuelle Experimente verzichte, macht keinen großen Unterschied, oder? Ob ich wegen eines Kerls oder wegen meiner Freundin im Winter ins Gebirge fahre statt in die Karibik, auch nicht. Nein. Es geht mir nicht um meine Freiheit. Ich bin nicht freier als jemand mit Trauschein.»

«Meine Freiheit ist mir heilig. Ich möchte wohnen, wo ich will. Ich möchte mir nicht von einem Mann reinreden lassen. Auf keinem Gebiet! Niemals! Von einer Freundin schon eher, aber das ist etwas anderes.»

«Niemand ist frei. Alle hören auf andere Leute und richten sich nach ihnen, nur Vollidioten nicht.»

Die Freiheit ist es demnach auch nicht unbedingt, die Singles dazu bringt, reiche und wunderschöne Partner mit vollem Haar nach kurzer Zeit wieder zu verstoßen. Steckt etwa Hoffnung dahinter? Darauf, einen mit noch vollerem Haar zu treffen? Das Beste ist zwar gerade gut genug, gut genug bedeutet jedoch nicht perfekt. Und unter perfekt läuft gar nichts Ernstes. Der Single hofft auf fünf Asse.

Er ist ein unverbesserlicher Optimist. Ein Kind. Ein Spieler.

«Bist du verspielt?»

«Ich habe keine Ahnung. Ich weiß nicht, warum ich lebe und was das alles um mich herum bedeutet. Ich bin zu dumm, um das Leben ernst zu nehmen, und viel zu dumm, um damit zu spielen. Was bedeutet überhaupt ernst nehmen? Was Albernes sehen und trotzdem nicht kichern? Dann bin ich verspielt.»

«Glaubst du, daß die Ehe der Ernstfall ist und das Single-Leben die Kinderei?»

«Ich weiß nicht. Heimlich habe ich oft das Gefühl, daß Ehepaare die Erwachsenen sind, während ich ...»

«Während du bloß eine kleine, belanglose Hals-, Nasen-, Ohren-Ärztin bist, die eine Stadtwohnung und ein Landhaus besitzt, zwei Kinder großzieht und kurz vor den Wechseljahren steht. Klar. Verglichen mit einer 24jährigen Hausfrau, die hauptberuflich auf ihren Mann, den Manager von McDonald's, wartet und versucht, von ihm schwanger zu werden, bist du ein Baby.»

«Nein! Aber wer sich bindet, trifft eine Entscheidung. Eine Partnerschaft ist eine Stellungnahme. Sie erfordert Mut und Reife. Das liest man doch dauernd.»

«Ich verstehe. Du kannst dich also nicht entscheiden, willst dich nicht festlegen und bist darum feige und unreif.»

«Sozusagen. Aber nur, wenn es um Partnerschaften geht. Sonst bin ich ganz anders, vor allem im Beruf.»

«Mir geht es ähnlich. Ich will mich auch nicht für eine Person entscheiden und mich lebenslang festlegen. Ich will einfach nicht an einem bestimmten Punkt landen. Das Herumfliegen macht mir solchen Spaß!»

Menschen binden sich aus Liebe. Menschen bleiben allein aus neurotischen Gründen. Wie alle schwarzweißen Bilder entspricht auch dieses nicht der Wirklichkeit. In Wirklichkeit heiraten Menschen aus neurotischen Gründen und bleiben allein aus Liebe – und es gibt alle Abstufungen dazwischen.

Zwei Singles, die einander lieben und allein bleiben, weil sie es sich selbst versprochen haben, liefern sich den ultimativen Treuebeweis. Wer den schafft, kann genausogut heiraten. Viele Paartherapeuten sind ohnehin der Meinung, daß Singles die besseren Ehepartner seien. Denn: Nur wer mit sich selbst leben kann, kann mit anderen leben. Muß aber nicht.

Die gute alte Zeit

Warum das Alter allein schlimm genug ist und einem ein Partner gerade noch gefehlt hat.

Es geschah in Tallahassee, Floridas vergessener Hauptstadt. Der klimatisierte Wagen rollte im Schrittempo durch die Mittagshitze. Ich war auf dem Weg zur Mall, einer dieser überdachten Fußgängerzonen, deren Klimaanlage auf «Frühling in Alaska» eingestellt ist. Man hüllt sich dort fest in eine Strickjacke und schreitet durch ein kilometerlanges Spalier aus Kinos, Hamburger-Restaurants und Läden, in denen man alles finden kann, vom Hobel über Gucci-Schuhe bis zur Perücke, das meiste im Sonderangebot. Die Mall ist das eiskalte Herz dieser – und fast jeder – US-Südstaatenstadt. Ihr einzig lebendiger Ort. Der Rest ist menschenleer, verschmort und unwirklich wie eine verlassene Filmkulisse, was durchaus seinen Reiz hat.

Ich hatte mich verfahren und war in einer Wohnstraße gelandet. Villen, vom heißen Winde verweht, breiteten stolz ihre blütenweißen Holzveranden auf dem frisch geschorenen und teuer bewässerten Rasen aus. Grillen zirpten. Schatten tanzten. Und sonst gar nichts. Ich hielt die Luft an, trat auf die Bremse und traute meinen Augen kaum: Da lag sie. Meine Zukunft.

In so einem Haus, in so einer Straße – genau da könnte ich leben. Natürlich nicht heute oder morgen! Sondern später, wenn ich alt bin. Jetzt muß ich noch zwischen Kinos, Diskotheken, Designerboutiquen, Museen, Theatern, Supermärkten, die rund um die Uhr geöffnet haben, Restaurants mit Menüs aus aller Welt und Menschen, Menschen, Menschen wohnen. Ich muß ab und zu beobachten können, wie ein Taxi den Hydranten vor meiner Haustür rammt; wie gleichzeitig eine Fontäne aus dem Boden und ein Mann mit Turban aus der Fahrertür schnellen und beginnen, einen verzweifelten Ausdruckstanz miteinander aufzuführen. Ich muß gelegentlich nachts vom Röcheln eines Ghetto-Blasters aufwachen, der direkt unter meinem Fenster den Geist aufgibt. Allein schon, um mein Vorurteil bestätigt zu bekommen, daß Hip-Hop einfach zu baßlastig ist.

Kultur, Krach und Chaos sind die Grundbedürfnisse der Jugend. Da ich diese Bedürfnisse immer noch habe, betrachte ich mich immer noch als jung. Ich werde erkennen, daß ich alt bin, wenn ich mich plötzlich nicht mehr für die neue CD der Roots interessiere oder ich die Polizei anrufe, wenn nachts ein Betrunkener sein Unglück gegen meine Hauswand brüllt. Statt nach Aufregung werde ich mich nach Ruhe sehnen, nach der verwunschenen Nebenstraße in Tallahassee. Die Verwandlung wird so drastisch sein, daß ich an Psychotherapie denken werde, weil ich vermute, den Verstand verloren zu haben. Aber dann werde ich weitere Veränderungen bemerken, die bestätigen, daß ich normal bin, nur alt: Der Stoffwechsel wird langsam, das Haar weiß, die Brillengläser stärker, das Einkommen schrumpft mit der Körpergröße. In der Tageszeitung werde ich die Todesanzeigen zuerst lesen.

Trübsinnig – ich bin so gern jung und möchte nicht, daß sich daran etwas ändert – starrte ich durch die Windschutzscheibe und sah mich selbst hinter einem groben Holzzaun: Ich war etwa 99. Ich steuerte einen fahrbaren Rasenmäher durch den Vorgarten eines besonders prächtigen Kolonialanwesens. Mein Gesicht war runzeliger als alte Alufolie und von blauem Haar umrahmt. Ich lächelte, während ich auf dem kleinen Trecker um gigantische Magnolienstämme kreiste. Eine filterlose Zigarette baumelte im Mundwinkel: Wenn ich alt bin, werde ich nämlich wieder anfangen zu rauchen, weil ich es nur aus Angst vor vorzeitigem Siechtum und vertikalen Mundfalten vorübergehend aufgegeben habe. So nah am Ende schreckte mich offenbar nichts mehr: Ich trug beim Mähen lediglich eine rote Bikinihose, einen wagenradgroßen Sombrero und einen Walkman, aus dem Frank Zappa schepperte. Ein Gedanke, der mich rührte und in die Wirklichkeit zurückholte. Ich blinzelte. Das Bild verschwand.

«Ich armes, altes Ding!» seufzte ich. Ich würde also in Tallahassee enden, halb nackt auf einem Rasenmäher. Allein? Natürlich allein. Kein Mensch, den ich kenne, würde mit mir in diese tropische, erzkonservative Einöde ziehen, die regelmäßig von Hurrikans heimgesucht wird. Gibt es eine traurigere Vorstellung? Ich möchte nicht allein an der Schwelle zum Tode stehen, sondern im Kreise meiner Freundinnen. Da raunte mir das Gebläse meines Wagens zu: «Genug mit dem PMS-Quatsch. Selbst mit 104 würdest du hier nach einer Woche verrückt werden. Dein Leben wird nicht in einer Nebenstraße in Tallahassee enden. Und jetzt fahr endlich in die Mall. Heul nicht! Kauf was!»

Ich gehorchte und gab Gas. Aber das Thema Alter beherrschte nach wie vor meine Gedanken. Ich fühlte mich immer elender: Werde ich denn keine Ruhe suchen, wenn ich alt bin? Woran werde ich erkennen, daß ich alt bin? Bin ich schon alt? Wenn ja, was bedeutet das genau? Einige Frauen in meinem Alter sind bereits in den Wechseljahren oder geliftet. Meine gleichaltrige Freundin Conny wird Oma – ist mein Zug abgefahren? Nach Tallahassee? Soll ich schon mal einen Makler anrufen? «Wir als Omas» – eine Heldinnenoper, die besonders gern bei Geburtstagsgelagen im Freundeskreis aufgeführt wird, immer in fröhlichem Dur. Allein die Erinnerung daran heiterte mich auf. Die trüben Altersgrübeleien verzogen sich.

«Ich möchte im Alter mit meinen drei oder zehn besten Freundinnen in einem netten Haus am Meer wohnen.»

«Warm muß es sein! Oder, um meinen liebsten Lehrer zu zitieren: ‹Man kann nicht verhindern, daß man alt wird. Aber man kann verhindern, daß es bei Kälte geschieht!›»

«Ebenerdig muß das Haus sein, wegen der Rollstühle!»

«Rampen sind auch okay. Hauptsache keine Männer!»

«Doch, klar Männer: ein, zwei junge, knackige Pfleger!»

«Ich möchte im Alter nicht mehr mit Männern schlafen. Ich möchte dann nur noch in Ruhe kiffen...»

«...und lesen, lesen, lesen!»

«Ich möchte nicht mehr nett sein müssen, außer wenn ich es wirklich will. Ich möchte keine Angst mehr haben, anderen die Meinung zu sagen oder mich zu blamieren. Ich möchte nur noch die Wahrheit sagen. Selbstverwirklichung, Freiheit – das sind die Privilegien des Alters, die ich besonders genießen werde.»

«Ich möchte reisen!»

«Ja. Wir kaufen uns einen Bus...»

«...und bauen ihn um in ein fahrendes Altersheim mit Tropf und OP und allen Schikanen ...»

«...mit einem blonden Chauffeur...»

«Dann fahren wir durch Australien.»

«Manchmal besuchen wir die Kinder ...»

«Vielleicht heirate ich auf meine alten Tage!»

«Glaub nicht, daß du einen Jungen abkriegst. Dazu mußt du reich und berühmt sein wie Vivien Westwood oder Cher.»

«Nein, nein. Meine erste Liebe würde ich heiraten. Wie romantisch: Er wäre der erste und der letzte. Stell dir vor, du triffst ihn nach 65 Jahren wieder und ihr könnt einander euer ganzes Leben erzählen ...»

Phantasien über das Alter versprechen eine Menge Spaß. Und weil man Phantasien verwirklichen kann, blicke ich gelassen in die Zukunft.

Die Mall von Tallahassee tauchte am Horizont auf. Ein Alptraum aus Sichtbeton und Glaspyramiden. Davor glitzerte es bunt: Auf dem Parkplatz brieten etwa 8000 Autos in der Sonne.

Rebekka senior fährt nicht mehr Auto. «Dafür bin ich zu tatterig», erzählt sie jedem und jeder kokett. Man muß dann rufen: «Aber nein, Rebekka, du siehst toll aus, höchstens wie 59 und bist kein Stück tatterig.» Dann lächelt sie bezaubernd und tänzelt verlegen hin und her. Genau das Kompliment wollte sie hören. Und es ist keine Lüge. Rebekka, 76, ist Rebekkas, 39, Mutter. Sie lebt bei ihrer Tochter, deren Mann und siebenjähriger Tochter in einer großzügigen Fünf-Zimmer-Wohnung.

Sie ist seit 21 Jahren Witwe und hat 15 Jahre lang allein in der ehelichen Wohnung gelebt. Kein einziges Mal hat sie daran gedacht, wieder zu heiraten, war jedoch einige Male verliebt. Sie hat, so lästert Rebekka junior, auch jetzt noch einen Verehrer, der sie samstags zum Seniorentanz abholt und zwischendurch anruft. Ihre Mutter kichert dann in den Hörer und wickelt sich das Haar um den Finger, was ihre Tochter entsetzlich peinlich findet, aber auch süß.

Rebekka zog zu Rebekka, weil die Tochter mit dem Kind überfordert war. Mutter und Baby schliefen nicht, weinten viel und aßen kaum. Der Plan, mit dem sich der Ehemann zähneknirschend abfand, lautete: Wenn die Kleine durchschläft und aus dem Gröbsten heraus ist, zieht Oma wieder aus. Oma schmiß daraufhin ein halbes Jahr lang den Haushalt, versorgte das Enkelkind und verbreitete Ruhe. Sie war der gute Hausgeist, der das Schreikind in einen Wonneproppen verwandelte, die nervöse Tochter in eine beinahe ausgeglichene Frau und den skeptischen Schwiegersohn in einen entschiedenen Gegner der Idee, daß sie jemals wieder ausziehen sollte.

Rebekka senior verkaufte ihre eigene Wohnung und lebt seither bei der Familie ihres Kindes. Sie ist dort nicht nur gelitten, sondern geliebt. Rebekka junior sagt, das funktioniere, weil ihre Mutter sie weder bemuttert, noch erwartet, bemuttert zu werden. Rebekka senior hat Hobbies, Interessen und Freunde. Ihr reiches eigenes Leben läßt ihr gar keine Chance, sich in das Leben der Tochter allzusehr einzumischen. Ehekräche ignoriert sie. An Wochenenden läßt sie die Familie der Tochter meist alleine und geht auf Kurztrips: Busreisen mit Heizdeckenverkauf und Jodelkünstlern oder Seniorenwanderungen mit der Kirchengemeinde. Rebekka senior ist nämlich keine hippe Jung-Granny, sondern eine echte Omi.

Rebekka und Rebekka respektieren einander und, vor allem, sie halten im Zweifel den Mund: Kein Kommentar zum Volksmusiksender, der in der Küche dudelt, zum Grillabend, bei dem zwanzig Gäste um neun Uhr betrunken «I can't get no satisfaction» grölen oder zum Kind, das ungezogene Antworten gibt.

Rebekkas Großfamilie hat für alle Vorteile: Die Tochter hat eine Hilfe im Haushalt und bei der Kindererziehung; die Enkeltochter eine zusätzliche Spielgefährtin; der Mann hat jemanden, der gut kochen kann und nicht – wie es in der Generation seiner Ehefrau verbreitet ist – von ihm erwartet, daß er das Badezimmer saubermacht oder die Schuhe ordentlich ins Regal stellt. Und die Mutter? Sie hat einen sinnvollen Job bei ihren Lieblingsmenschen. Die perfekte Lösung. Falls Rebekka pflegebedürftig wird, wollen die vier in eine Wohnung mit zwei Etagen ziehen – gemeinsam mit einer Pflegerin. Will ich später bei meinen Töchtern wohnen? Beide hassen Frank Zappa. Und sie würden mich vermutlich nicht im Haus rauchen lassen. Mir gefällt die Kolonialanwesen-Idylle mit Rasenmäher besser.

Ich stellte den Wagen auf dem Parkplatz der Mall ab und stürzte mich in die tiefgekühlte Einkaufspassage. Dort wimmelte es von alten Menschen, so wie es plötzlich um einen herum von Schwangeren wimmelt, wenn man glaubt, schwanger zu sein.

Eine Prozession alter Ehepaare flanierte an mir vorbei.

Die meisten sahen sich ähnlich. Wie oft muß man einen Menschen ansehen, bis das eigene Gesicht die Züge des anderen imitiert? Werde ich womöglich bald wie meine Freundin aussehen? Oder wie mein Computer? Kleine Frauen und schiefe Männer, die einander an der Hand hielten, schritten so langsam voran, als hätten sie alle Zeit der Welt. Gleich haben sie's geschafft. Es war ein langer Weg. Ein tiefer Seufzer, bald können sie die Augen schließen und ruhen. Sie wackeln zu ihrem antiken Ford und fahren heim. «Hast du deine Tabletten genommen?» – «Ja, Schatz, danke, daß du mich daran erinnerst.» – «Wenn du mich nicht hättest!» – «Darüber macht man keine Witze.»

Alte Ehepaare sind Helden. Sie haben durchgehalten. Sie strafen die Scheidungsstatistik Lügen, die sexuelle Revolution ging an ihnen vorüber, ohne Schaden anzurichten, sie haben ihre Macken, Laster und Gemeinheiten überlebt und wissen womöglich, was Liebe ist. Sie sind dort angekommen, wo verknallte Teenager hinwollen. Sie haben erreicht, was Herrn und Frau Meier wöchentlich 150 Mark für die Paartherapie wert ist.

Man schaut alten Paaren bewundernd hinterher, möchte ihnen gratulieren und Blumensträuße in die Hände drükken. Alte Paare sollten viel öfter in Talk-Shows eingeladen werden. Sie bräuchten gar nichts zu sagen, sondern müßten nur dasitzen und ein altes Ehepaar sein. Damit alle sehen können: Das gibt's. «Bis daß der Tod uns scheidet» ist nicht nur ein rosakitschiges Hirngespinst. Es ist tatsächlich eine Zauberformel, die gelegentlich wirkt. Nach dem Tod verwandelt sich der Mann in diesen Fällen, laut Ovid, in eine Eiche und die Frau in eine Linde. Eine hübsche Vorstellung.

Wer wollte nicht den Lebensabend mit einem geliebten Lebensgefährten verbringen? Wer wollte nicht im Lotto gewinnen?

Meine Tante Maria, 77, die seit 54 Jahren mit dem anstrengenden Onkel Georg, 76, verheiratet ist, gibt mir bei jedem Besuch eine Warnung mit auf den Weg, die als Statement getarnt daherkommt: «Es ist schön, jemanden zu haben, der für einen da ist, wenn man alt ist. Ich bin froh, daß ich nicht allein bin.» Ich fühle mich dann jedesmal unbehaglich und sehe mich schon als alte Frau neben der Badewanne liegen. Ausgerutscht, hilflos. Meine Freundinnen sind mit ihrem Bus in Australien, und das Nottelefon liegt dummerweise in der Küche. Die nächsten drei Tage ist kein Besuch zu erwarten. Was tun? Wenn ich rechtzeitig einen Mann fürs Leben gesucht hätte, wäre ich nicht in diese brenzlige Lage geraten. Andererseits: Warum sitze ich eigentlich nicht mit den anderen im Bus und esse Känguruhschnitzel?

Tante Maria definiert alt sein so: «Du bist dann alt, wenn kein Tag vergeht, an dem du nicht mindestens einmal etwas tun möchtest, was du nicht mehr kannst.» Ist alt sein schrecklich? «Na, schön ist es nicht.» Ich kann mir auch nicht vorstellen, daß alt sein schön ist, wo ich bereits älter sein gelegentlich gräßlich finde: Dies und jenes kann ich nicht mehr tragen, ich muß über Kollageneinspritzungen und Fettabsaugungen nachdenken, ich kann nicht mehr Ärztin werden oder als Au-pair-Mädchen mit einem Interrailticket nach Paris fahren. Nicht daß ich es wollte, aber falls ich es wollte, ginge es nicht mehr.

Ist alt sein mit Mann eine Wunschvorstellung für Singles? Nein, so die einstimmige Meinung aller Single-Frauen, mit denen ich gesprochen habe. Vor allem Frauen über 70 verteidigen ihr Alleinleben energisch. Gerda, 74, seit 20 Jahren verwitwet, sagt: «Wenn mein Mann noch leben würde, wäre es schön. Aber mit einem anderen leben? Niemals! Dann wäre es aus mit meiner Freiheit. Ich genieße es, tun und lassen zu können, was ich will. Ich muß nicht kochen, ich kann lange schlafen, verreisen, meine Freunde besuchen, wie es mir gefällt. Niemals würde ich das alles für einen Mann aufgeben.» Maria, 81, sagt. «Ein Mann bedeutet Arbeit. Ich bin zu alt, um noch zu arbeiten.»

In der gesamten Mall entdeckte ich keine einzige einsame, traurige Seniorin – ein Schreckensbild, das ich besonders fürchte. Am häufigsten sah ich lustige Witwen mit ihren Freundinnen, Töchtern oder Schwiegertöchtern. Ich schnappte Gesprächsfetzen auf, in denen es um Mode, Reisen und Essen ging. «Vor zwei Jahren bin ich noch auf die Akropolis geklettert, kannst du dir das vorstellen?» fragte eine runde, schwere Dame und stützte sich auf ihren Spazierstock. «Da war ich auch schon», antwortete ihre zerbrechliche Freundin mitleidslos. «Alaska ist sehr schön», fuhr sie fort. «Mallorca auch», erwiderte die Runde. Nikkend und stumm verschwanden die beiden in einem Meer aus Wühltischen und Kleiderständern.

Ich folgte ihnen und stieß auf eines der Spitzenkleider, in denen man nackt aussieht, wenn man es anhat. Probieren! Mein Hintern war zu alt für das Kleid. Während ich in meine Hose kletterte, studierte ich im Spiegel meine Falten und Problemzonen. Ich blickte mir tief in die Augen und sah: Alt sein ist nicht das Problem. Alt und allein sein auch nicht. Ich habe Angst davor, vergessen auf Zimmer 107 zu liegen, mit wildfremden Menschen, die wie ich röchelnd vor sich hinsterben. Ich habe Angst vor Schmerzen aller Art. Ich habe Angst davor, nicht mehr sprechen und sehen und hören zu können und eingesperrt zu sein in meinen Kopf, der immer noch funktioniert. Ich habe Angst davor, nicht schnell genug zu sterben. Ein langer Tod ist das Problem. Davor habe ich Angst, wenn ich sage, daß ich Angst vor dem Alter habe. Habe ich Angst vor dem Alter? Eigentlich nur an PMS-Tagen.

Ich verließ die Mall. Den Rest des Tages würde ich am Hotelpool verbringen. Lesen, mit fremden Menschen lachen, Nägel lackieren – was man so macht als Single-Reisende in den besten Jahren. Vorher wollte ich die idyllische

Straße wiederfinden, meinen möglichen Alterssitz, um sie zu fotografieren. Die Bilder sollten meine Freundinnen überzeugen: «Schaut, ist das nicht romantisch? Und diese Stille! Das ist in Tallahassee. Das Meer ist nah, und die Mall ist total schrill. Dort gibt es diese Spitzenkleider, in denen man nackt aussieht, wißt ihr? Das Haus sieht doch aus, als würden Scarlett O'Hara und Pippi Langstrumpf dort zusammen wohnen. Wir könnten so einen Rasenmäher kaufen, ihn frisieren und damit oben ohne um die Magnolien herumrasen! Und eine Linde und eine Eiche pflanzen, Gedenkbäume für Philemon und Baucis, die Schutzheiligen der wahren Liebe! Wir werden doch hoffentlich auch mit 100 noch fest daran glauben und stolz darauf sein, keinen Kompromiß gemacht zu haben. Jeden zweiten Mittwoch im Monat könnten wir unser Single-Leben offiziell feiern. So ein Haus als Zweitwohnsitz, das wäre doch was!»

Meine Freundinnen ließen mich kalt abblitzen. «Florida?» nörgelten sie. «Die Hitze und die Hurrikans? Und die Idee mit den Bäumen ist pathetisch! Bekommst du deine Tage?» Wie recht sie hatten! Tallahassee – eine blöde Idee. Wir suchten nach anderen Orten. Menorca kam in die engere Wahl und Goa, beide selbstverständlich nur als Zweitwohnsitze. Müßten wir ein ganzes Jahr dort verbringen, da waren wir sicher, würden wir verrückt vor Ruhe. Schließlich einigten wir uns einstimmig auf den gemeinsamen Erstalterswohnsitz: New York. East Village. Mitten in der Jugendsubkultur. Mal sehen, was die dann von uns Alten lernen kann. Und wir von ihr. Ich freu mich schon.